Guide

Texte Antoni Pitxot et Montse Aguer   Photographies Jordi Puig

Château Gala Dalí
Púbol

DALÍ

AF238036

TRIANGLE▼BOOKS

—Je t'offre un château gothique Gala.

—J'accepte à une condition, que tu ne viennes me rendre visite au château que sur invitation.

—J'accepte, car j'accepte tout, en principe, à condition qu'il y ait des conditions. C'est le principe même de l'amour courtois.

Dalí dans son studio de Portlligat, 1971.

Guide

Château Gala Dalí

Púbol

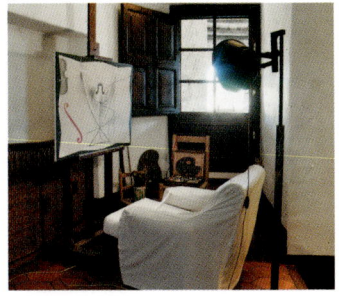

7

Le refuge de la femme visible

Le château de Púbol est le deuxième côté du fameux triangle dalinien. Par ordre chronologique, ce triangle est constitué, tout d'abord, de la maison du peintre à Portlligat ; ensuite du château de Púbol, destiné à Gala et où à sa mort le peintre s'installa jusqu'en 1984 ; enfin, du Théâtre-Musée Dalí de Figueres, qui fut inauguré le 28 septembre 1974.

Le château de Púbol —construction médiévale acquise en 1969, où Dalí matérialisa un débordant effort créatif destiné à une personne concrète, Gala, et à une fonction, un lieu approprié au repos et au refuge de son épouse— enthousiasma celle pour qui il fut conçu, qui aima tout particulièrement le jardin de même que les fleurs, surtout les roses, qui lui rappelaient un jardin de Crimée où, pendant son enfance, elle passait ses vacances estivales. Gala fréquenta le château, son espace et refuge entre 1971 et 1980, habituellement pour de courts séjours en été, pendant lesquels elle recevait ses amants.

Le Vogué de Salvador Dalí, « Numéro du cinquantenaire 1921/1971 réalisé par Salvador Dalí », Vogue, Paris, décembre 1971 - janvier 1972.

La versatilité créative de Dalí, d'autre part, accorda à l'ensemble architectural de Púbol une autre lecture, et c'est en ce sens que l'on peut remarquer la narration condensée qu'il y a dans cette création : ce n'est pas simplement une demeure de plus, ni une simple accumulation d'objets —en dépit de ce que dans certains espaces très concrets cet amoncellement existe, intentionnellement, de surcroît—, le château est une construction et une reconstruction, où l'on a voulu doter de sens un espace et Gala dans ce cas, a été active en achevant de conférer une multiplicité de significations au château, d'intervenir dans l'œuvre, de telle manière que cette architecture s'imbrique dans la biographie des deux personnages, et en fait une partie inséparable de leur ultime étape.

Une autre clé pour comprendre cet univers, austère et beau à la fois, nous est donnée par Dalí lui-même —dans le numéro spécial de *Vogue* publié en 1971 pour célébrer le cinquantième anniversaire de l'édition française de la revue— quand il narre comment il mena Gala à Púbol les yeux bandés et lui offrit comme cadeau le château, et qu'il explicite : « Gala me prit la main et me dit soudainement : "Merci encore une fois. J'accepte le château de Púbol mais à une seule condition : que tu ne viendras me visiter au château que sur invitation écrite." Cette condition surtout flattant mes raffinements masochistes m'enthousiasma, Gala devenait le château inexpugnable qu'elle n'avait jamais cessé d'être. L'intimité et surtout les familiarités font décroître toutes les passions. La rigueur sentimentale et les distances comme le démontre le cérémonial névrotique de l'amour courtois accroissent la passion » [1]. L'image de Gala comme château inexpugnable devint un emblème pour Dalí dans une photographie de Gala jeune, exposée dans la bibliothèque du château, sur laquelle il écrivit « Tête a chateau (sic) ».

[1] DALÍ, Salvador, *Le point de vue de Dalí*, « Vogué : Numéro du cinquantenaire 1921/1971 réalisé par Salvador Dalí », *Vogue*, Paris, décembre 1971 - janvier 1972, p. [175].

salle de bains et qui
seront peints en noir
(les trésors devant
toujours être cachés
d'après les règles
d'alchimie).
6) De même elle
me demande à titre
purement amical un
plafond de 20 mètres
pour le musée de
Dalí à Figueras
où, pour le même
prix, Dalí et Gala
vont être entière-
ment percés de
tiroirs magiques
afin de pouvoir
déverser sur ma
ville natale le
trésor que
nous som-
mes

Le Vogué de Salvador Dalí, « Numéro du cinquantenaire 1921/1971 réalisé par Salvador Dalí »,
Vogue, Paris, décembre 1971 - janvier 1972.

ARC LACROIX

Le Vogué de Salvador Dalí, « Numéro du cinquantenaire 1921/1971 réalisé par Salvador Dalí », *Vogue*, Paris, décembre 1971 - janvier 1972.

Gala,
la dame du château[2]

Gala, née Elena Ivanovna Diakonova, est la femme énigmatique et fasci-
nante qui continue aujourd'hui à nous attirer et à éveiller la curiosité
de par le mythe que dans une certaine mesure et avec son silence, elle a
elle-même contribué à magnifier. C'est à travers les témoins qui la
connurent et avec lesquelles elle fut en relation pendant toute sa vie que
nous savons d'elle : ses amies d'enfance, la poétesse Marina Ivanovna
Tsvetaeva et sa sœur Anastasia ou la sœur de Gala, Lidia. C'est aussi grâce
aux poèmes, aux dédicaces et à la correspondance avec son premier mari[3],
Paul Éluard[4] et celle de ses amis les poètes René Crevel et Joë Bousquet,
entre autres. Ainsi, à partir de 1929, on suit ses traces grâce à Salvador Dalí
et à ses écrits autographes, conservés au Centre d'Études Daliniennes.
On y trouve certains de ses souvenirs d'enfance et de sa vie en Amérique
aux côtés de Dalí et en même temps, on y découvre ses sentiments les plus
secrets et intimes.

Gala naît à Kazan, le 18 août 1894, a deux grands frères, Vadim et Nicolai
et une sœur plus jeune, Lidia. Son père meurt alors qu'elle n'a même pas
10 ans et sa mère se remarie avec un avocat moscovite, Dimitri Illitch
Gomberg, dont Gala adoptera le patronyme, un bourgeois libéral qui a une
très bonne relation avec elle. Élève brillante, c'est à l'Institut pour jeunes
filles M.G. Brukhonenko de Moscou qu'elle fait ses études secondaires et où
elle partage les bancs de la classe et se lie d'amitié avec l'écrivaine Anastasia Tsvetaeva et sa sœur, la poétesse Marina Tsvetaeva. Elle finit ses études
avec une moyenne remarquable et, grâce à un décret du Tzar, elle est autori-
sée à exercer comme institutrice et à donner des cours chez elle.

Sa passion pour la lecture, qu'elle cultive depuis son plus jeune âge et pendant toute sa vie, lui vient en grande partie de sa mère. À cause de son état
de santé délicat, elle doit rester en convalescence pendant de longues
périodes de temps. C'est en 1912 que sa famille décide de la faire rentrer au
sanatorium de Clavadel, à Davos, en Suisse, où elle fait la rencontre du jeune
poète Eugène Grindel, qui sera connu sous le nom de Paul Éluard. L'âge et la
passion pour la littérature et la poésie les unissent. En 1914, ils quittent tous
deux le sanatorium : Gala rentre en Russie et Éluard rentre sous les dra-
peaux, mais auparavant ils se sont promis. La Première Guerre Mondiale
éclate et ne les aide pas. Les familles ne voient pas non plus cette relation

---

[2] Ce thème a été très largement analysé dans le catalogue : AGUER, Montse ; DE DIEGO, Estrella. *Gala. Àlbum.* Distribucions d'Art Surrealista, Figueres, 2007. Et plus récemment dans le catalogue : CRESPO, Bea ; SILVESTRE, Clara, « Gala : la cronologia », a DE DIEGO, Estrella. *Gala Salvador Dalí. Una habitació pròpia a Púbol*, Museu Nacional d'Art de Catalunya, Barcelone, 2018.

[3] Publiée dans ÉLUARD, Paul, *Lettres à Gala : 1924-1948*, Gallimard, Paris, 1984.

[4] Paul Éluard (1895-1952). Pseudonyme sous lequel on connaît l'écrivain et poète Eugène Grindel. Après avoir participé à la Première Guerre mondiale, il entra en contact avec d'autres écrivains tels qu'André Breton, Tristan Tzara ou Louis Aragon, avec lesquels il fut membre actif de divers mouvements d'avant-garde, tout particulièrement le dadaïsme et le surréalisme. Parmi ses principaux écrits, on remarquera : *Le Devoir et l'Inquiétude* (1917), *Capitale de la douleur* (1926), *L'Immaculée Conception*, avec André Breton (1930), *Cours naturel* (1938), *Poésie et Vérité* (1942) ou *Les Sentiers et les Routes de la poésie* (1954).

Púbol.

Salvador Dalí peignant la toile pour le plafond de la salle des Blasons.

Construction des éléphants du jardin de Púbol, à Portlligat.

d'un bon œil. Cependant, malgré toutes les difficultés, Gala se déplace de Moscou à Paris, où le couple se marie en 1917 et leur fille unique, Cécile, voit le jour en 1918. Ils fréquentent les chefs de file des mouvements d'avant-garde de l'époque, les dadaïstes et les surréalistes, et Gala n'est pas seulement la compagne d'Éluard, elle assiste et participe aussi à de nombreuses réunions. En 1922, commence une relation avec le peintre Max Ernst, qui sera rompue en 1924. Témoin de l'influence active qu'elle exerce sur son environnement immédiat, la peinture d'Ernst, *Au rendez-vous des amis* de 1922, où Gala apparaît représentée comme la seule femme, avec les membres du futur groupe surréaliste.

La relation avec Éluard se maintient jusqu'en 1929 malgré le triangle amoureux, épilogue reflété dans le livre *Au défaut du silence* (1925), constitué des vers d'Éluard et des illustrations d'Ernst.

Ce n'est qu'en 1929 qu'elle rencontra Salvador Dalí. En avril, le peintre se rendit en effet à Paris pour présenter le film qu'il avait réalisé avec Luis Buñuel, *Un chien andalou*, et c'est là que le galeriste et poète belge Camille Goemans le présenta à Paul Éluard. Dalí les invita à passer l'été à Cadaqués. Goemans et son compagnon, René Magritte et sa femme, Luis Buñuel, Paul Éluard et Gala, avec leur fille, Cécile, y séjournèrent. Quand le peintre rencontra Gala, il fut totalement transporté et s'en éprit immédiatement. Il écrivit d'ailleurs dans son autobiographie *The Secret Life of Salvador Dalí* : « Elle serait ma Gradiva, "celle qui avance", ma victoire, ma femme »[5] (ce nom provient du titre de la nouvelle homonyme de W. Jensen, où Gradiva, l'héroïne, œuvre à la guérison psychologique du protagoniste). Gala demeurera pour toujours aux côtés du peintre. Ils se marient civilement en 1934. À partir de ce moment, en effet, sa biographie est liée à celle de Dalí et à sa consécration comme peintre aussi bien en France qu'aux États-Unis, plus tard, dans les années 1940. En 1948, ils rentrent d'Amérique, et en 1958, ils se marient au Santuari dels Àngels (Sanctuaire des Anges), près de Púbol.

En 1969, le peintre acquiert le château de Púbol pour Gala, tenant ainsi la promesse qu'il avait faite à Gala dans les années trente. Pour la restauration du bâtiment, ils comptent, encore une fois, sur le constructeur Emilio Puignau. L'implication de Gala dans la réforme et la décoration du château est totale ; elle supervise et gère tout le processus de construction. Dans une lettre adressée à Puignau, elle lui transmet la responsabilité qu'ils possèdent dans ce nouveau projet en commun : « Comme avez déjà pu vous en apercevoir Púbol est mon "cheval de bataille", notre mieux dire. Je suis passionnée par les possibilités de cette masure peut donner, aussi elle peut en sortir un monstre. Jusqu'à maintenant travaillant tous les deux nous n'avons jamais raté rien à Portlligat. Cette petite maison est devenue célèbre on la voit reproduite partout et encore maintenant. Donc nous avons une grande responsabilité de nouvelle mais grandiose réussite — vous et moi — (sic) »[6]. À partir de 1971 et jusqu'en 1980, Gala y passa des périodes de temps, généralement en été. En 1974, les travaux de jardin s'achèvent. En 1982, Gala meurt et y est enterrée.

[5] Traduit de : DALÍ, Salvador, *La vida secreta de Salvador Dalí (La vie secrète de Salvador Dalí).* À : *Obra completa*, vol. I, *Textos autobiográficos 1*, Ediciones Destino, Fundació Gala-Salvador Dalí, Barcelone, Figueres, 2003, p. 622.

[6] Lettre de Gala à Emilio Puignau, autographe, 17/02/1970 (Figueres, Centre d'Estudis Dalinians, Fundació Gala-Salvador Dalí).

Salvador Dalí et Gala devant l'œuvre *Corps hypercubique (basé sur le traité sur la forme cubique de Juan de Herrera, constructeur de l'Escorial)* au Palazzo Pallavicini Rospigliosi, Rome, 1954.

Gala. Cahier manuscrit publié de manière postume comme *Carnets Intimes* (2012), 1940s.

Gala fut toujours considérée comme la muse de Salvador Dalí, une muse inspiratrice et une femme mystérieuse, adjectif banal mais qui définit bien une des tâches qu'elle remplit aux côtés du peintre. Chérie par les uns, haïe par d'autres, elle ne laissait jamais indifférent. C'était une femme d'une grande intuition qui sut reconnaître le génie artistique et créateur d'artistes et d'intellectuels tels que Paul Éluard, Max Ernst, Giorgio de Chirico, René Char, René Crevel ou Salvador Dalí, pour n'en citer que quelques-uns. Paul Éluard décrit son regard comme « Visage perceur de murailles »[7], un regard immortalisé par le photographe étasunien Man Ray et dessiné dans les créations que lui dédia Max Ernst.

Dalí, tout au long de son autobiographie, donne diverses visions de Gala. Il la mythifie et en fait un élément iconographique de son œuvre pour s'expliquer soi-même et expliquer ses concepts artistiques et intellectuels.

Tout y est, comme exemple des « sereines perfections de la Renaissance »[8]. Dans la seconde partie, Gala nous est présentée de différentes manières qui finissent par former comme dans une sorte de puzzle, une personnalité déterminée. Dalí parle de Gala en rapport avec le désir et la découverte de l'acte sexuel : « Je lui embrassai la bouche, l'intérieur de la bouche. C'était la première fois que je le faisais. Jusqu'alors, je n'avais pas suspecté que l'on pouvait embrasser de cette manière. En un instant, tous les parsifals de mes désirs érotiques, freinés et tyrannisés pendant tant de temps, se levèrent dévoilés par les chocs de ma chair »[9]. « Gala avait commencé à m'expliquer minutieusement les raisons de son désir et je réalisai tout d'un coup qu'elle aussi avait son monde intérieur de désirs et d'échecs, et qu'elle bougeait à son propre rythme entre les pulsions de la lucidité et de la folie »[10].

Par la suite, de même que dans son autobiographie, un Dalí plus surréaliste, avec un ton ironique, associe la nourriture à l'être aimé qui devait être dévoré pour parvenir ainsi à l'amour total, à la fusion des êtres aimés. Mais Dalí, à son tour, nous présente une Gala différente, plus complexe, beaucoup plus proche de ce qu'il appelait le principe de réalité :

« Depuis les jours passés à Malaga, j'étais devenu un disciple de Gala. Elle m'avait révélé le principe du plaisir. C'est elle aussi qui m'enseigna le principe de la réalité en toutes choses [...] Elle m'enseigna aussi le "principe de la mesure" qui somnolait dans mon intelligence. Elle était l'Ange de l'Équilibre, le précurseur de mon classicisme »[11].

La Gala, modèle et muse, ne pouvait pas non plus manquer. Une muse inspiratrice qui, toujours selon Dalí, « découvre et m'apporte toutes les essences qui se convertissent en miel de ma pensée, en ruche ouvrière de mon cerveau »[12]; « elle m'a apporté aussi le rare livre de magie qui devait me donner ma propre magie »[13] et « elle lit pour moi à voix haute pendant mes longues séances de peinture, en produisant un murmure tel une cloche de peau, grâce auquel j'appris toutes les choses que, sans elle, je ne serais jamais arrivé à savoir »[14]. C'est une vision qui nous renvoie à un aspect peu remarqué de Gala : une Gala cultivée, en rapport avec des cercles d'intellectuels et d'artistes, et plus particulièrement avec le groupe surréaliste autour d'André Breton ; une Gala encourageante, tenace, collaboratrice inséparable et diligente de l'artiste : « [...] Gala et moi, nous allâmes à la boutique Bonwit-Teller,

---

[7] ÉLUARD, Paul ; ERNST, Max. (il.), *Au Défaut du Silence*, Paris, 1925, p. 11.
[8] *Cit. supra.*, n. 5, p. 233. [9] *Cit. supra.*, n. 5, p. 640. [10] *Cit. supra.*, n. 5, p. 642.
[11] *Cit. supra.*, n. 5, p. 759-760. [12] *Cit. supra.*, n. 5, p. 647. [13] *Ib.* [14] *Ib.*

où ils montaient mes deux vitrines. Je conçus sur le terrain un ensemble d'inventions lyriques et nous donnâmes les touches finales aux deux expositions jusqu'à six heures du matin. La robe que Gala portait était en lambeaux à cause de son agitation à clouer et suspendre de faux bijoux un peu partout. Nous nous couchâmes morts de fatigue »[15].

Elle était en même temps un grand impulseur, un moteur pour Dalí, et elle voulait passer le reste de ses jours avec le peintre et l'aider à sa consécration internationale :

« Seule Gala était témoin de mes fureurs, de mes désespoirs, de mes extases fugaces et de mes rechutes dans le pessimisme le plus amer. Elle seule savait jusqu'à quelle extrémité la peinture se convertit pour moi à cette époque en une raison de vivre, alors qu'en même temps elle devenait une raison encore plus féroce et insatisfaite de l'aimer, elle, Gala, car elle et elle seule était la réalité ; et tout ce que mes yeux étaient capables de voir, c'était "elle" ; et c'était le portrait d'elle qui serait mon œuvre, mon idée, ma réalité »[16].

Il existe aussi une Gala marchande, gérante des finances du couple : « Et comme nous toutes, femmes russes, j'essaie personnellement d'aider mon mari. Je lui sers souvent de modèle, je fais le travail de secrétaire pour tout ce qui concerne les aspects pratiques de notre vie parce que, comme tu peux le voir, il est complètement immergé dans la création, dans son travail. Il est incapable de gérer ces bêtises. Je ne suis pas forcément très brillante mais nous vivons comme tous les artistes, nous travaillons pour ce qui est le plus important : l'expression de notre talent »[17]. En même temps, une Gala créatrice, avec une œuvre propre et partagée, dans les dessins de *cadavre exquis*, avec la vocation claire d'une écrivaine qui nous renvoie à son autobiographie, brève mais irremplaçable, *Carnets Intimes*, qui est restée inédite jusqu'il y a peu. Et une Gala éditrice : elle met en ordre les textes de Dalí, les corrige, veille sur eux, lui donne des indications et lui facilite la tâche de publier, comme par exemple avec l'ouvrage *La Femme visible* de 1930.

On peut en plus ajouter que Gala s'intéresse beaucoup au monde de la voyance, du tarot et du jeu. Salvador Dalí nous parle de son « intuition médiumnique »[18]. L'on a très souvent qualifiée de revêche, dure et antipathique, qui se sépara de sa fille unique, Cécile. Mais il y a aussi une Gala vulnérable, qui recherche l'éternelle jeunesse et qui l'exprime ainsi dans ses écrits : « Oui, on pense que je suis une forteresse bien défendue, parfaitement organisée, quant je pourrais être tout au plus une petite tour vacillante qui par pudeur tente de se couvrir d'un lierre épais, de cacher ses murs déjà délabrés et de trouver un peu de solitude »[19].

Et une Gala indépendante, qui luttera toute sa vie durant pour choisir qui et ce qu'elle aime ; une femme qui entretenait des rapports avec ses conjoints allant au-delà des limites établies par la morale conventionnelle ; une femme qui fit, selon Dalí, « tout le succès de ma vie ».

---

[15] *Cit. supra.*, n. 5, p. 857.   [16] *Cit. supra.*, n. 5, p. 874.

[17] Brouillon de la lettre de Gala à son père, Dimitri Illitch Gomberg, vers 1945. (Figueres, Centre d'Estudis Dalinians, Fundació Gala-Salvador Dalí). Traduit à : DALÍ, Gala, *Carnets Intimes*, Neuilly-sur-Seine : Michel Lafont, 2012, p. 110-111.

[18] *Cit. supra*, n. 5, p. 622.

[19] Texte autobiographique de Gala, autographe [1970s] (Figueres, Centre d'Estudis Dalinians, Fundació Gala-Salvador Dalí).

Perspective du jardin.

LE CHÂTEAU

Le château de Púbol est, dans le célèbre triangle dalinien, le lieu le plus austère associé à Gala, en rapport surtout avec l'ultime phase de création de l'artiste. C'est le lieu que Dalí offrit à sa « dame », celui qui lui rend hommage, un lieu d'isolement, mélancolique, aux airs proustiens, de recherche d'un monde perdu, de projection subjective.

Dalí fait référence au château dans son œuvre écrite. Il est intéressant de voir comment dans les *Comment on devient Dalí* (1973) il le présente comme une continuation de Portlligat —précisément au travers de la salle Ronde ou Ovale, lieu préféré de Gala—, compris comme un espace destiné à sa « dame » et à un idéal amoureux. Cette association demeure bien explicite dans le paragraphe suivant :

« Tout y célèbre le culte de Gala, jusqu'à la chambre ronde, à l'écho parfait, qui couronne l'ensemble des bâtiments et qui est comme la coupole de cette cathédrale gala-ctique ; et quand je me promène dans cette maison, je me regarde, je vis ma concentricité. J'aime sa rigueur mauresque. Il me fallait offrir à Gala un écrin plus solennellement digne de notre amour. C'est pourquoi je lui ai offert un château du XIᵉ siècle où elle règne, et dont je ne parlerai pas, car j'ai voulu qu'elle en soit la souveraine absolue au point que je ne m'y rends que sur invitation de sa main. Je me sui contenté d'en décorer les plafonds pour qu'en levant les yeux, elle me trouve toujours dans son ciel »[20].

Et dans l'article mentionné plus haut pour le numéro spécial de *Vogue* il ajoute :

« Depuis ma période surréaliste, j'ai signé mes meilleurs tableaux : Gala Salvador Dalí. Il n'est pas nécessaire d'être Sartre pour affirmer que le nom est la personne, mais oui il faut être Dalí pour affirmer que la super-personne, le super-homme nietzchéen et la super-femme dalinienne est son château »[21].

Le château de Púbol est, par conséquent, un lieu très significatif dans la création dalinienne, une continuation de Portlligat avec une personnalité propre. C'est le cadeau de Dalí à Gala, sa « dame », de qui il se déclare vassal, et où il ne peut accéder sans son accord écrit. De ce point de vue, le texte autographe de Dalí, « Le chateau de Gala, la Gala du chateau (sic) », qui se trouve dans l'ouvrage de Jean-Charles Pichon, *L'Homme et les dieux*[22] dans lequel l'artiste fait référence à Gala et au château, est illustratif :

« —Je t'offre un château gothique Gala.
—J'accepte à une condition, que tu ne viennes
me rendre visite au château que sur invitation.
—J'accepte, car j'accepte tout, en principe,
à condition qu'il y ait des conditions.
C'est le principe même de l'amour courtois ».

[20] DALÍ, Salvador ; PARINAUD, André. *Comment on devient Dalí*, Editions Robert Laffont, Opera Mundi, Paris, 1973, p. 334.

[21] *Cit. supra.*, n. 1, p. [173].

[22] PICHON, Jean-Charles. *L'Homme et les dieux*, Robert Laffont, Paris, 1969.

L'ensemble architectural du château de Púbol est constitué de l'église paroissiale actuelle, de la maison-palais fortifiée entourée de son jardin, lui-même derrière des murailles, et de l'édifice adjoint connu sous le nom de Dîme. Autour, se serrent les maisons protégées par les vestiges de la muraille médiévale et, encadrant l'ensemble, le ruisseau, avec une végétation caractéristique, où les personnages importants sont les peupliers noirs —qui donnent leur nom au village, Púbol— ainsi que d'autres essences propres de cet écosystème humide. Tout cela complète cette icône de village ampourdanais typiquement médiéval, où l'on peut encore trouver de nos jours des restes de la première enceinte de murailles ainsi que de nombreux vestiges architectoniques datant du moment de la plus grande splendeur de la baronnie, à la fin du XIVᵉ siècle - début du XVᵉ. Dalí présente en diverses occasions cet ensemble dans son œuvre picturale autant qu'écrite.

La première perception du château s'offre lorsque l'on remonte l'actuelle rue Gala Dalí, d'où l'on peut voir le mur ouest de la demeure, protégée par les créneaux du Dîme et les restes du mâchicoulis qui défendait sûrement l'entrée principale du château. La rue pavée conduit à la principale porte

Púbol.

d'accès, d'où l'on découvre une petite place, jadis cimetière, présidée par l'église gothique et limitée, au nord, par les vestiges de la muraille —tronçon que démolirent les habitants eux-mêmes— et, au sud, par les murs des pièces privées de Gala. C'est précisément dans l'un de ces murs du château que l'on peut encore découvrir une cavité contenant les restes de trois crânes de brigands auxquels on aurait fait justice, selon ce que dit une légende populaire, et qui auraient été exposés à la raillerie publique.

Maintenant devant la façade principale, les mots de Dalí, narrés par Emilio Puignau, constructeur et ami de l'artiste, rendent plus compréhensibles ses désirs : « (...) j'ai vu dans la façade quelque chose de sublime : non seulement elle était lézardée sinon que se formait comme une espèce de bavure ou de saillie dans la fissure même qui donnait l'impression qu'il y avait eu un cataclysme, un tremblement de terre, qu'une partie était restée debout et que l'autre s'était séparée et écroulée. Par conséquent, on ne devait rien toucher, il fallait tout laisser tel que c'était »[23].

[23] Traduit de : Puignau, Emilio, *Vivències amb Salvador Dalí*, Juventud, Barcelone, 1995, p. 107-108.

L'ENTRÉE ET LE PATIO

Dès que l'on pénètre dans l'enceinte, on se trouve sur une terrasse située derrière des créneaux et présidée par les rosiers multicolores et la lavande aromatique qui décorent la façade principale du château suivant la volonté expresse de Gala. Couleurs et senteurs évoquaient pour elle les vacances de son enfance au bord de la mer Noire. De là, on peut imaginer la perspective romantique que Salvador Dalí voulut donner à l'ensemble ainsi que le rôle déterminant que joua Gala dans son exécution. Du point de vue des finitions architecturales, l'artiste ampourdanais donna une grande importance à l'idée de ruine —comme dans son Théâtre-Musée, il conçut la réhabilitation d'un édifice plus ou moins délabré, en respectant scrupuleusement l'aspect détérioré par les siècles, qu'il appelait les signes et les stigmates du temps.

L'extérieur du château de Púbol, à la différence de la maison de Dalí à Portlligat, reflète le pragmatisme de Gala qui souhaite un édifice austère qui passe inaperçu et qui protège son intimité.

En ce qui concerne le jardin, Dalí déborda la structure à la française du jardin original des barons de Púbol pour en faire un jardin inspiré de l'expérience esthétique et sensorielle qui demeura gravée en lui après sa visite des

jardins de Bomarzo, près de Rome ; il s'inspira aussi de la tradition du bestiaire, si populaire au Moyen Âge. Un air décadent, qui renvoie au compositeur Richard Wagner et au roi Ludwig II ainsi qu'à Luchino Visconti[24], imprègne toute l'ambiance, aussi bien du jardin que de l'ensemble du château.

La porte à voussoir de la façade des rosiers est flanquée de deux espèces de consoles anciennes achevées en forme de tête humaine à moustache, qui semblent être des caricatures de Dalí.

Façade principale du patio.

[24] Dalí a collaboré avec le directeur du cinéma et du théâtre Luchino Visconti dès 1948 pour la réalisation du vestiaire et des décors de l'œuvre de William Shakespeare, *Comme il vous plaira*, que dirigeait l'Italien.

Sculpture située sur le toit du patio.

Voiture des barons de Púbol.

Cette entrée nous conduit au premier porche dans lequel Gala fit peindre, comme avertissement, un ciel étoilé. Ici se trouve la carriole des barons de Púbol que Dalí conserve à sa place (la carriole est un élément iconographique qui apparaît dans différentes oeuvres de l'artiste). A côté se trouve le puits et une statue en plâtre, qui ressemble beaucoup à la sculpture en marbre *Adolescent nu* (vers 1500) conservée aujourd'hui au musée du Prado de Madrid. On retrouve cette même sculpture sur le toit —visible de l'intérieur de la cour—, dans le garage, et fragmentée en deux parties, dans la galerie et dans l'accès à la crypte.

D'ici aussi on peut accéder aux anciennes écuries du château, utilisées aujourd'hui comme consigne, où est conservé un cheval blanc disséqué, cadeau du peintre Joan Abelló à Dalí. Pendant les années que Gala et Dalí passèrent à Púbol, ce cheval se trouva aussi dans l'entrée de l'escalier qui accède à la crypte où est enterrée Gala.

Le premier porche ouvre l'accès sur la cour centrale empierrée, de plan trapézoïdal, qui est l'axe à partir duquel est structuré et distribué l'édifice : un rez-de-chaussée et deux étages avec lesquels Dalí joua pour créer les espaces adéquats à la résidence de Gala au premier, en réduisant le second à une superficie minimale qui a plus une fonction de grenier. Le patio conserve l'air médiéval qui définit tout le village.

L'élément le plus caractéristique du patio est la façade principale de style gothique-Renaissance avec le blason de la baronnie datant de la fin du XIVᵉ siècle et du début du XVᵉ, lignée Campllong-Corbera-Requesens, l'escalier d'accès à l'étage noble et la porte du magasin actuel. Du côté sud, la cour possède un deuxième porche pour sortir au jardin où se trouve l'entrée pour descendre à la crypte.

Salvador Dalí. *Púbol de Gala*, vers 1971.

Blason de la baronnie de Púbol.

LE GARAGE

Du temps de Gala, on pouvait accéder au garage de la maison, tant du jardin que d'une pièce appelée la salle persane, qui actuellement abrite le magasin du château Gala Dalí de Púbol. Elle s'appelait ainsi à cause de sa décoration à l'air oriental, avec des coussins et un long sofa. Dans le magasin, une partie de l'ancienne décoration est conservée, comme une lampe aux verres de couleurs qui rappelle les lumières de type réverbère de l'architecte moderniste Josep Puig i Cadafalch.

Dans cet espace tout en longueur, doté d'une voûte qui conserve encore la trace du coffrage de cannes, se trouve une vieille voiture à cheval, baptisée par le peintre « La calèche des oubliés » et abandonnée par les anciens propriétaires du château. Cette voiture ne sortit qu'une seule fois après l'achat du château par Dalí et Gala, à l'occasion de la séance de photos pour le numéro spécial de la revue *Vogue*, mentionné plus haut. C'est par le jardin que la voiture sortit, menée par deux chevaux prêtés par un paysan du lieu. En plus de Gala et du peintre, montèrent aussi dans la « calèche » Emilio Puignau et Arturo Caminada. Marc Lacroix photographia l'instant que Dalí décrivit et enrichit de ces mots : « Là, je suis derrière, en serviteur de Gala en laquais. Gala dirige tout le monde, elle a un fouet à la main »[25].

On peut aussi voir dans le garage d'autres véhicules plus modernes tels que les voitures, automobiles celles-là, utilisées par les Dalí pour des trajets courts ou bien pour aller faire des commandes. De fait, c'est Gala qui conduisait, ou bien, plus tard, Arturo Caminada.

Pendant longtemps se trouvait garé là un véhicule utilitaire de couleur orange de la marque Datsun pour laquelle Dalí réalisa en 1972 une publicité destinée à une télévision américaine. Actuellement, il se trouve à l'extérieur, à côté du garage.

L'autre voiture est une Cadillac, bleue, immatriculée dans la principauté de Monaco, numéro 8942. Il s'agit d'un modèle Sedan Deville acquis aux États-Unis pour 10 000 dollars en 1976. La voiture avait été mise en circulation le 16 mars de cette même année avec la plaque d'immatriculation

Le Cadillac Sedan Deville, dans le garage.

568 YUL-USA au nom de Mrs. Helen Dalí, domiciliée à l'hôtel Saint Regis, mais en 1977, quand les Dalí décidèrent de fixer leur résidence à Monte-Carlo —au 36 de la rue des Remparts—, ils firent venir la voiture en Europe

[25] *Dalí, Lacroix, Gala : le privilège de l'intimité*, Fundación Eugenio Granell, Santiago de Compostela, 2000, p. 97.

et en changèrent l'immatriculation pour celle qu'elle a actuellement.

Parmi les déplacements que fit ce véhicule, il faut remarquer celui du 10 juin 1982, où il fut utilisé comme voiture mortuaire pour transporter le corps de Gala de Portlligat à Púbol.

La présence de l'automobile dans l'œuvre de Dalí est significative et constante, tout au long de sa production artistique. On la retrouve déjà dans des peintures de ses débuts comme dans *Baigneur* (1924), le portrait de son ami Joan Xirau, ou *Jeune fille de Figueres* (1926).

Dalí enrichit les multiples significations que l'on attribua à cette voiture et lui appliqua sa méthode paranoïacritique de même que sa conception spéciale du monde. Ainsi, il utilisa la voiture fossilisée qui apparaît dans *La mémoire de la femme-enfant* (1929) et dans *L'automobile fossile du Cap de Creus* (1936) pour étendre dans le temps la présence minérale et intemporelle des rochers du cap de Creus. La présence de machines dynamiques dans son œuvre telles que des véhicules ou des avions crée une dissociation d'idées. Il associa en effet la matière fossile et le temps immémorial à l'élément le plus récent dans l'histoire de l'homme : la machine qui permet la mobilité. Le contraste des idées et des images doit éveiller l'imagination du spectateur, selon lui, pour le provoquer.

Dalí utilisa également cette voiture pour la création du *Taxi pluvieux*, qu'il présenta à l'*Exposition Internationale du Surréalisme* à Paris, en 1938. Il réalisa successivement de

Lustre aux verres de couleurs.

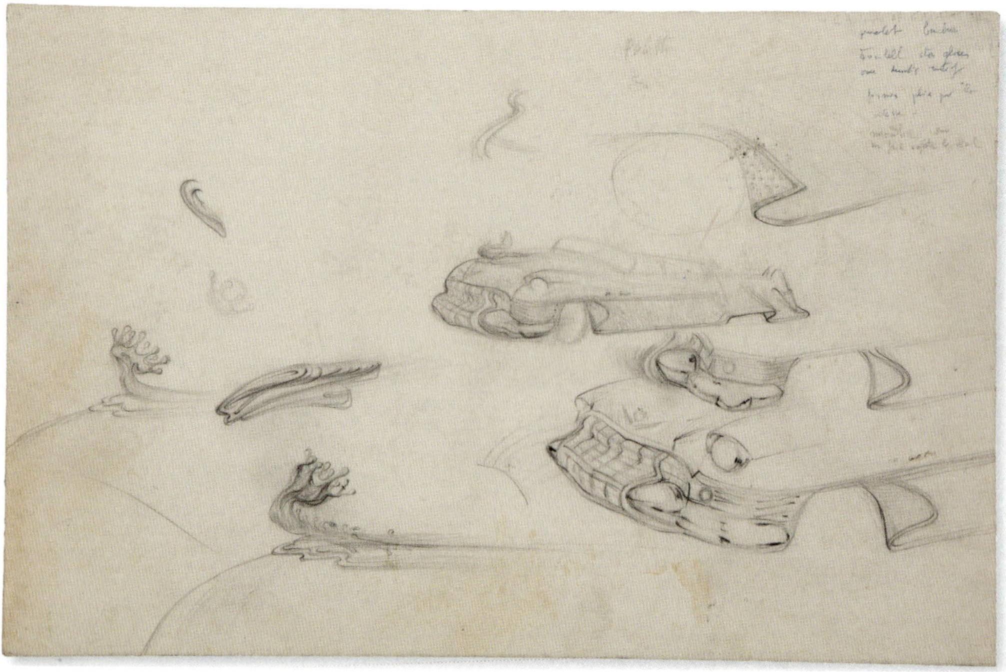

Salvador Dalí. Ébauche pour la *Cadillac de Gala*.

34

nouvelles interprétations de cette œuvre, dont la dernière se trouve dans la cour des fauteuils du Théâtre-Musée Dalí de Figueres depuis 1974. Il s'agit de la célèbre Cadillac qui appartient à l'installation qui préside cet espace.

En 1974, selon ce qu'écrivit Jaume Miravitlles, ami d'enfance du peintre, dans un article de la *Revista de Girona* : « La General Motors avait lancé sur le marché une *Cadillac de Luxe* qui avait été un grand succès commercial, et elle voulait répéter l'opération avec un modèle plus cher encore et plus sophistiqué. Dalí reçut alors une notification officielle pour lancer un nouveau modèle. Il eut immédiatement une idée : la voiture s'appellerait *Cadillac de Gala*, un nom bombe qui s'inscrivait bien dans l'obsession de l'artiste. Il accompagna le nom d'un bref croquis qu'il fit avec un stylo sur une feuille de papier à lettre de l'hôtel Saint Regis. Elle était très intéressante mais je ne

« La calèche des oubliés ».

sais pas si elle pouvait être produite en série. Il s'agissait d'une Cadillac courante recouverte d'une somptueuse couche métallique de couleur rouge évêque, qui cachait le toit de l'automobile et retombait sur les côtés et la partie arrière, ne laissant à découvert que l'espace des fenêtres. Il en fit le dessin en moins de cinq minutes mais le résultat était réellement impressionnant : une voiture royale, de Gala !

On ne sait pas ce qui se passa. Il n'y eut aucune réponse, ni positive ni négative, de la part de la General Motors. Toutefois, un an plus tard, l'entreprise annonçait la sortie d'un nouveau modèle : la *Cadillac de Gala* ! Le nom seul, sans aucune des innovations que Dalí avait proposées »[26].

En 1976, dans le premier numéro de son *Setmanari Artístic Mar Empordanesa*, Dalí écrivit ces mots sur le *Taxi pluvieux*, exposé aujourd'hui dans le Théâtre-Musée :

« [...] la célèbre Cadillac que Dalí offrit à Gala et dont il existe six exemplaires. L'une d'entre elles appartenait au président Roosevelt, une autre à Clark Gable, etc. Celle-ci est la quatrième reproduction du célèbre *Taxi pluvieux*. Elles ont toutes été détruites par la suite.

La première fut exposée et fit grande sensation à l'exposition surréaliste de Paris. La seconde, à la Foire Mondiale de New York, et la troisième dans la rétrospective surréaliste du Musée d'Art Moderne de New York. Enfin, celle-ci est la quatrième, permanente au musée Dalí »[27].

Cette voiture était celle que Gala avait conduite lors de longs voyages de Californie à New York et que, finalement, Arturo Caminada utilisait.

[26] Traduit de : MIRAVITLLES, Jaume. « Dalí i l'aritmètica ». *Revista de Girona*. Gérone : juillet 1974, p. 34.

[27] Traduit de : DALÍ, Salvador. « Guía Secreta del Teatro-Museo Dalí ». *Setmanari Artístic Mar Empordanesa*. [Figueres] 31/12/1976, s.p.

LA SALLE DES BLASONS

Le premier étage du château était l'espace de résidence, et aussi bien la porte d'entrée, au bout de l'escalier monumental de pierre, que la baie, à côté même, révèlent déjà une somptuosité que l'on ne perçoit pas dans les murs extérieurs. On doit à l'historien Joan Badia i Homs une minutieuse description de ces deux ouvertures qui expliquent une partie de l'histoire généalogique du château. De la baie « coupée en quartiers, style Renaissance »[28], il dit que « la base des montants de même que les colonnes ont des motifs en relief ; dans les angles supérieurs se trouvent les deux consoles représentant des lions et, dans les angles inférieurs, des dragons »[29]. Dès la porte, on remarque un grand emblème en bas-relief ajouté au cours du XVIe siècle :

Salvador Dalí. Projet pour la décoration de la voûte de la salle des Blasons, vers 1969.

« Elle est encadrée de deux colonnes couronnées par des pinacles aux motifs floraux, parmi lesquels un arc d'arête rehaussé d'une croix. Dans la partie inférieure de chaque colonne, se trouvent deux reliefs curieux : ils représentent des rubans à pompons. Le blason, au centre, est incliné vers la gauche, et il appartient aux Requesens-Corbera[30] —couplés : le corbeau d'un côté et quatre quartiers de l'autre. Au-dessus se trouve un casque de guerrier d'où pendent quatre bandes, et au-dessus de tout un lion rampant ayant attrapé un faisceau, peut-être de lances »[31].

En pénétrant dans cette salle, comme d'ailleurs dans la salle Palais du Vent du Théâtre-Musée de Figueres, on demeure surpris et émerveillé. Au plafond, une grande peinture couvre toute la voûte. Sur le mur qui fait face, se trouve un meuble ainsi que quelques chaises couvertes de toile blanche, avec des nœuds à la manière de la maison Dior, comme les déguisements qui se trouvent dans le Théâtre-Musée et que les Dalí revêtirent pour le bal organisé par Charles de Beistegui à Venise et que Pierre Cardin rappela d'ailleurs en détail lors d'une visite au triangle dalinien. Le meuble est décoré comme s'il s'agissait d'un autel, et l'on remarquera une paire de candélabres à cinq branches travaillés en argent, avec leurs cierges respectifs de couleur blanche, et une sculpture en bois, œuvre de Salvador Dalí, représentant un Christ sur la croix appuyé sur un croûton de pain.

[28] Traduit de : BADIA I HOMS, Joan. *L'arquitectura medieval de l'Empordà*, Vol. I. Gérone, Diputació de Girona, 1977, p. 307.

[29] *Ib.*

[30] Ce blason est une combinaison de deux lignées qui possédèrent le château. À droite, se trouve le corbeau, symbole des Corbera, qui est aussi présent sur la porte de l'église et, à gauche, l'héraldique des Requesens représentée dans les 1er et 4e quadrants par quatre pals de gueules (équivalents à la couleur rouge) sur champ d'or, et dans le 2e et 3e, par trois tours d'or sur champ azur (bleu sombre). Josep M. Marquès identifie la bande à pompon avec Sança, qui fut veuve de Gispert de Campllong en 1400. (PITXOT, Antoni, PLAYÀ, Josep, *Château Gala Dalí : le chemin de Púbol*, Fundació Gala-Salvador Dalí, Escudo de Oro, Figueres, Barcelone, 1997, p. 20).

[31] *Cit. supra.*, n. 28, p. 307.

Les deux consoles sont couvertes de divers objets : une grande soupière et un plateau d'argent ornés d'éléments décoratifs végétaux ; une épée de métal doré à lame fine à trois tranchants, qui porte gravé sur le manche l'inscription « VIVE LE ROI » ; divers vases de pâte de verre, dont deux de Daum Nancy et un d'Émile Gallé, avec des feuilles marron sur fond blanc, dépositaires d'un esprit totémique ; une tranche de minéral ; deux coquilles d'escargot fossilisées ; un calice de métal doré ; une coupe à fruits de cristal vert. On y voit, par conséquent, l'accumulation d'objets typiquement daliniens, que l'on peut d'ailleurs aussi trouver dans les deux autres centres du triangle.

On remarque dans la salle la présence de six blasons, qui y étaient déjà quand les Dalí achetèrent le château et représentaient sûrement les blasons des différentes lignées familiales qui l'avaient habité. Il fallut les restaurer et, en dépit du fait qu'ils conservaient certains des éléments primitifs, on leur ajouta d'autres détails ainsi que des emblèmes ésotériques qui montrent bien l'intervention et la réinterprétation iconographique de Dalí.

Il y a cependant une exception : le blason situé sur le mur de gauche et dans lequel on ne distingue presque rien car il avait été couvert par les éclaboussures des peintres qui contribuèrent à la réhabilitation de l'espace [1]. Dalí dit alors qu'il s'agissait du plus authentique et il demanda qu'on le conservât tel qu'il était : on y distingue cependant deux moitiés, l'une aux tons *marronâtre*, et l'autre aux tons bleu sombre, en hommage aux peintres. Dans le cas de ce blason éclaboussé, il faut prendre en compte le respect de Dalí pour le signe de l'accident, toujours considéré comme sacré par le fait que le hasard y a participé. De même à Portlligat, il aimait conserver une porte extérieure telle que l'avaient laissée les pêcheurs qui y séchaient les pinceaux utilisés pour peindre leurs bateaux. C'était en effet leur activité pendant les longues journées d'hiver, quand, à cause du mauvais temps, ils ne pouvaient pas sortir en mer. Dalí, de retour de New York, avait chaque printemps la surprise de voir la porte extérieure peinte avec la meilleure *action painting* du savoir populaire naturel.

Du côté droit de la salle il y a un blason complètement rénové, qui avec une partition musicale en forme d'épigramme du rondeau « Belle, bonne, sage » du compositeur français Baude Cordier (1380-1440) semble particulièrement dédié à Gala. Il est accompagné d'une fleur de lys et d'un G (de Gala) sur un fond bleu (huile et peinture d'or sur plaque en métal, 101 × 69,2 cm, vers 1971) [2].

40

[1] [2] [3]

Blasons réinterprétés par Dalí.

Peut-être que le plus dalinien de tous est celui qui présente la silhouette d'un château aux tonalités bleues, dans la partie supérieure, et un dodé-caèdre, en-dessous, avec trois roses rouges sur les côtés (huile et sable sur bois, 101 × 69,5 cm, vers 1971) [3]. Sur cette espèce d'autel profane se trouve un blason représentant un corbeau avec les ailes ouvertes et un autre de profil, dans une posture, cependant, qui ne coïncide pas avec celle de l'héraldique des Corbera (huile et sable sur plaque en métal, 101 × 69 cm, vers 1971) [4]. Un cinquième blason, situé sur le linteau d'une des portes, pré-sente une frange en son centre (signe héraldique des Campllong) et deux

Meuble-autel.

[4]

[5]

[6]

41

lions rampants de chaque côté (huile et sable sur plaque en métal, 101 × 68,5 cm, vers 1971) [5]. Le dernier qui reste à décrire possède trois fleurs de lys sur la partie supérieure sur fond rouge avec une bande croisée dans la partie inférieure sur fond noir qui pourrait correspondre au blason des Miquel (huile et sable plaque en métal, 101 × 69 cm, vers 1971) [6].

On remarquera enfin le blason du marquis de Dalí de Púbol, créé par le peintre lui-même et constitué d'une couronne de marquisat ainsi que de trois queues d'hermine blanche sur fond bleu. Rappelons qu'en 1982 le roi Juan Carlos Ier nomma le peintre marquis de Dalí de Púbol, titre dont ce dernier s'est toujours senti très honoré.

Des deux côtés de l'autel, on trouve les deux portes, mais celle de gauche est fausse. C'est un trompe-l'œil peint par Dalí vers 1972 (huile sur toile, 220,5 × 115,7 cm), encadré par des pierres de taille authentiques, car ici il y avait eu auparavant une ouverture. Cette porte simulée est entrouverte et à travers une fausse perspective elle donne sur un espace carrelé avec un mur au fond, qui peint avec une grande vraisemblance, semble perdre la couche picturale qui le recouvre. Une fois de plus, la fiction et la réalité créent une autre réalité, différente.

Comme cela a déjà été dit, c'était Gala qui définissait les nombreux aspects ornementaux des maisons et en particulier de Púbol. C'est ainsi qu'on remarquera les chaises. Celles qu'on trouve des deux côtés de la salle sont couvertes par des toiles blanches attachées avec des rubans sur le côté, selon le souhait de Gala et qui se répètent aussi à Portlligat. Cependant on peut remarquer deux chaises : l'une est la *Chaise aux cuillères*, une sculpture en bronze, œuvre de Salvador Dalí (111 × 36,5 × 46,5 cm).

Salvador Dalí. Projet pour le trône de la salle des Blasons et la piscine du château de Púbol, vers 1970.

Salvador Dalí. *Chaise aux cuillères.*

Salvador Dalí. Porte en trompe-l'œil, vers 1972.

Elle a pour dossier un diadème qui aurait appartenu, selon Dalí, à l'acteur dramatique français François-Joseph Talma (1763-1826), connu pour ses interprétations de personnages de Shakespeare, Corneille et Molière, et admiré de Napoléon. Cet acteur fut aussi connu pour sa défense de l'usage du vestiaire historique dans l'action et il popularisa une longue cape, qu'il portait toujours, et qui porte maintenant son nom, le manteau Talma. Dalí avait un intérêt tout particulier pour ce diadème parce qu'il symbolisait la représentation théâtrale. N'oublions pas, non plus, qu'en tant que visiteurs nous sommes aussi des spectateurs.

Dans la partie gauche de la pièce, renforçant son air héraldique, se trouve le trône de Gala. Il s'agit d'un ensemble destiné à être le siège qu'elle utilisait pour recevoir les visites spéciales. Il a été conçu par Salvador Dalí en 1974 et l'on conserve d'ailleurs un dessin de l'idée initiale (crayon et stylo sur carton, 38,30 × 25,30, vers 1970), dans lequel Dalí avait travaillé à partir de la *Chaise aux cuillères*.

Malgré tout, la pièce centrale du montage finit par être la vieille chaise à bras actuelle couronnée par deux griffons qui soutiennent un blason dans lequel l'artiste a simulé un G gravé ; toutefois, c'est dans le dossier que l'on découvre une intéressante intervention du maître qui a peint dans le cercle central un paysage à l'aube, un espace de profondeurs spirituelles, où est projeté le dos de celui qui l'utilise, une fenêtre ouverte sur un lieu indéterminé, idyllique, comme la Cythère vers laquelle se dirigent les personnages de Jean Antoine Watteau dans la peinture à l'huile *Pèlerinage à l'île de Cythère* (1717), une des œuvres mythiques de l'histoire de l'art selon Dalí. Le trône proprement dit, situé sur une estrade de deux marches, est flanqué de deux lionnes de bois —d'origine provençale selon Dalí— dans une attitude défensive, auxquelles le maître ajouta des étriers. L'une d'elles garde la couronne qu'il lui fit avec des fourchettes entrelacées et passées dans un

bain d'or. Le fauteuil d'honneur est encadré par une structure de rideaux bleus à la manière d'un petit dais, décoré de deux colonnes dorées et couronné par le blason du marquis de Dalí et de Púbol.

Pour la baie vitrée avec le banc festif Dalí avait imaginé une décoration de rideaux bleus avec des fleurs de lys jaunes imprimées. Le même patron se répétait sur la decoration des battants (collage, gouache et crayon sur papier, 35 × 46,70 cm, vers 1970).

Salvador Dalí. Dessin sur une photograhie pour la décoration de la baie vitrée avec banc festif et le plafond de la salle des Blasons, vers 1970.

Le trône de Gala, avec une peinture de Dalí.

Sens titre.
Plafond de la salle des Blasons,
vers 1971
Huile sur toile (1 217 × 625 cm)
Château Gala Dalí de Púbol
Salle des Blasons

Pendant les années 1960 et 1973, l'atelier du peintre se consacra surtout à l'exécution de différents projets de décoration intérieure : le plafond du Petit Palais Albéniz de Barcelone (vers 1969), le plafond de la salle Palais du Vent du Théâtre-Musée qui allait être inaugurée quatre ans plus tard (1970-1973) et la peinture qui décore le plafond de la salle des Blasons du château de Púbol. Avec l'aide du peintre et scénographe Isidor Bea, Dalí peignit six toiles qui couvrent toute la voûte de la salle.

Selon les déclarations du maître dans la revue *Vogue* [32], Gala dressa une liste de desiderata pour son château, dans laquelle elle inclut la réalisation d'« un plafond de 15 mètres représentant dans le ciel méditerranéen un trou nocturne d'où tomberont des trésors surréalistes » [33].

Ainsi, dans un acte d'amour, Dalí faisait cadeau à son épouse : « Je me suis contenté d'en décorer les plafonds, pour qu'en levant les yeux, elle me trouve toujours dans son ciel » [34].

Le plafond que Dalí réalisa pour Gala à Púbol est une allusion à l'espace fortifié dans lequel on se trouve. On remarque l'ensemble de créneaux qui entourent la composition et qui rehaussent l'effet d'un espace entouré de murailles. Au-dessus d'eux, s'ouvre un ciel jaunâtre où l'on distingue un groupe d'hirondelles qui dirigent leur vol, en spirale, vers le centre de la composition. Ici, au milieu de ce plafond à caissons fantaisie doré, aux moulures classiques, un ciel nocturne présente différentes figures accompagnées d'instruments et de chevaux blancs. La décoration est complétée par six arcs qui ont été décorés avec des franges en forme d'arrêtes de poisson, bleu ciel. Dalí exprime ici son admiration pour le peintre Andrea Mantegna et la Camera picta, *Camera degli sposi* (1465-1474), que l'artiste italien peignit pour la chambre privée de Ludovico Gonzaga au Palais des Ducs de Mantoue.

On conserve un projet préparatoire pour le plafond de cette salle des Blasons (voir p. 37) où Dalí inclut une figure féminine. Celle-ci sert à l'artiste pour faire le portrait de Gala situé sur le linteau de la porte d'accès à la salle suivante (huile sur plaque en métal, 189 × 172 cm, vers 1970). Gala, le bâton à la main est comme une dame du château, symbole d'autorité et elle confère à cet espace un air de solennité.

[32] *Cit. supra.*, n. 1.

[33] *Cit. supra.*, n. 1, p. [175].

[34] *Cit. supra.*, n. 20, p. 334.

LA SALLE DU PIANO

Pour accéder à la salle du Piano, il faut laisser derrière soi la figure de Gala, qui rappelle que l'on est en train de monter dans les pièces privées de la dame du château. Dans cet espace demeurent à découvert les grosses poutres du toit de section carrée, car le plafond du premier étage s'était enfoncé et que l'on opta pour ne pas le reconstruire. Dalí profita, en effet, de cet accident pour concevoir un intérieur donnant une sensation d'amplitude et de luminosité, de grandeur, encore renforcée par le portail de bois de style castillan, encadrée par une structure en plâtre de patron classique avec un fronton et deux colonnes. Au centre du tympan se trouve le G de Gala en relief. Il s'agit d'un espace qui impressionne dès l'entrée. Une fois de plus, Dalí sait faire usage des ruines pour créer un effet différent. Le piano et les tapisseries définissent la pièce. C'est un lieu idéal pour se reposer, écouter de la musique ou converser. De fait, on peut parler de deux zones : l'une plus baroque qui correspond à la zone du piano et l'autre, à l'extrémité opposée, qui est la plus dalinienne.

Dans la salle on remarque le piano à queue fabriqué par la maison Carl Bechstein. Cette firme est connue pour être l'un des meilleurs fabricants de pianos du XIXe siècle, pianos spéciaux décorés à l'or et peints à la main, commandés par des dessinateurs d'intérieurs pour des palais royaux ou des manoirs aristocratiques et élégants.

Salvador Dalí. *Saint Georges et le dragon*, 1973.

Les tapisseries donnent une certaine chaleur à la pièce. On trouve deux tapis et un rideau de théâtre de grandes dimensions. Dans le premier des tapis, placé à côté du piano, une scène de la guerre de Troie est représentée, concrètement la mise à mort d'Hector, le prince troyen, par Achille, le héros grec. Il est signé par le maître Daniel Eggermans de Bruxelles et date du XVIIe siècle. Cet artisan travailla à partir de l'œuvre originale du peintre Peter Paulus Rubens, qui avait réalisé une série dédiée à cet épisode mythico-historique de la Grèce antique, autour duquel fleurit par ailleurs un immense cycle de légendes ainsi que de très nombreux poèmes —recueillis dans le *Cycle troyen*. Dans ce cycle grec légendaire, diverses œuvres —les *Chants cypriens*, la *Petite Iliade*, la *Prise de Troie*—, dont il n'est demeuré que des résumés que le grammairien Proclos écrivit Ve siècle ap. J.-C., fournissent d'abondants renseignements sur cet exploit. Selon ces œuvres, la cause de la guerre aurait été la volonté de Zeus d'alléger la terre de la population excessive qui l'habitait. Homère dans son

Iliade chante les exploits d'Achille, le héros parfait, le plus vaillant, le plus fort et le plus rapide de tous les guerriers achéens et troyens. Il participe à la guerre de Troie et son intervention est fondamentale dans le conflit.

Les autres tapisseries de cet artisan se trouvent dans le palais ducal de Vila Viçosa au Portugal ou au Museum Boijmans van Beuningen de Rotterdam. Selon le témoignage d'Antoni Pitxot, alors que l'on enterrait Gala, Dalí contemplait avec lui la tapisserie, assis tous les deux sur le sofa situé devant le piano, et il comparait pour lui les faits représentés dans la tapisserie avec les événements de sa propre vie. Il insistait sur la présence d'Hector, blessé par son propre destin, ainsi que sur la présence de grecques décoratives. Il aimait aussi contempler le combat de coqs représenté dans la partie inférieure, ainsi que la symétrie crée par la position des deux combattants.

Dans ce même espace du piano, sur le mur opposé, on peut contempler l'autre tapis, placé au dessus du sofa en velours rouge. Provenant des ateliers de la ville d'Aubusson, il s'agit d'une pièce datée du XVIIᵉ siècle, dans laquelle est représentée une scène de chasse avec un chasseur qui tient un arc et une flèche, et un chien.

On peut déduire des marques qu'elle porte, que cette tapisserie était sûrement plus grande à l'origine. Il est aussi intéressant de savoir que sa première destination dalinienne fut la maison de Portlligat, où elle faisait fonction de tapis dans la salle Ovale, c'est-à-dire, rappelons-le, l'espace destiné à Gala.

Si l'on continue en admirant les différents éléments de la salle, juste avant d'accéder à la chambre bleue de Gala à travers une porte aux rideaux rouges, il faut s'arrêter devant un chevalet de bois doré décoré à profusion.

Dans la partie supérieure, un blason formé par une couronne, et deux dragons encadrant la lettre S. Appuyée, on trouve une reproduction de la lithographie, *Saint Georges et le dragon* (56,7 × 76,1 cm), que le peintre avait dédiée à Gala en 1973. L'original est exposé dans la salle Les « Galas » de Gala. De fait, c'est le lieu où étaient déposés les dessins que Dalí offrait à Gala à l'occasion de ses visites. Curieusement, à Portlligat aussi, dans la bibliothèque, se trouve un chevalet doré. Celui-ci fait jeu avec les candélabres à quatre branches dont le style rappelle celui du Louis XV, en bois doré, ornés de motifs végétaux, que l'on trouve sur les murs.

Nous avons déjà dit que Dalí réalisa divers projets pour la décoration du château. Il faut revenir sur ses pas et se diriger à nouveau, cependant, vers la zone la plus dalinienne de l'espace.

Ici se trouve le rideau de théâtre accroché au-dessus des sofas en velours rouge et franges. Sans doute l'intérêt de cette pièce réside dans l'intervention de Salvador Dalí. On y trouve représenté le passage biblique du roi Salomon alors qu'il attend la visite de la reine de Saba. Au centre de la composition, l'artiste peignit une girafe en flammes (huile et détrempe sur toile, 320 × 402,5 cm, vers 1970) élément iconographique présent dans l'œuvre du peintre, surtout dans toute celle des années trente. Sur ce rideau se trouve l'inscription suivante : « Ramon Batlle. Scénographe. Barcelone » (rappelons que ce scénographe travailla pour le Gran Teatre del Liceu de Barcelone). Encore une fois, les connexions avec le Théâtre-Musée sont évidentes ; la présence du rideau de scène d'un théâtre, qui souligne le caractère clairement scénographique de la construction.

Rideau de théâtre représentant le roi Salomon et la reine de Saba au centre duquel Dalí peignit une girafe en flamme, vers 1970.

Les dessins de Dalí pour cette pièce sont intéressants, surtout ceux qu'il réalisa pour la table à claire-voie si particulière. Celle-ci, en effet, est en maçonnerie et sa partie supérieure est en verre, de telle manière qu'elle permet de voir la salle située en-dessous. Quatre pattes d'autruche y sont incrustées —qui avaient servi de candélabres, autrefois, dans la maison de Portlligat—, deux sont disséquées et les deux autres sont faites de plâtre. Dans les parties latérales de la table, sont encadrées les répliques de quatre parchemins, dont les originaux sont exposés dans la salle Les « Galas » de Gala. Cette clairevoie, dans ce cas, n'est pas utilisée pour donner davantage de lumière naturelle à la pièce mais pour montrer le cheval qui « habite et veille » sur la partie basse du château.

Parmi les parchemins qui décorent la table, le plus intéressant est celui qu'on peut considérer comme le blason du château de Gala (aquarelle et gouache sur parchemin, 43,5 × 66,5 cm, vers 1971). Il est inspiré par la partie supérieure du blason de pierre de la porte principale et représente un demi-corps de lionne se haussant depuis l'intérieur d'une couronne, l'un des « bras » levé portant un bouquet de fleurs rouges. La version dalinienne substitua au casque de guerrier du blason de la porte une couronne de perles et ajouta à la lionne un G au milieu du corps. Sous le dessin, dans un encadré, figure le titre, *Púbol de Gala*. L'œuvre est signée « Petit Daris », surnom affectueux que Gala utilisait pour Dalí. Sur un côté du dessin, quelques annotations faites au crayon et destinées à la « Petite Olivone » —autre appellatif tendre que Dalí utilisait pour s'adresser à elle [35] — et lui indiquant comment placer les titres de noblesse derrière les verres de la table. Ces notes sont signées « Salvador Dalí de Figueres ».

Salvador Dalí. Projet pour la table à claire voie, vers 1970.

[35] Dans son autobiographie *The Secret Life of Salvador Dalí*, l'artiste se réfère aux différents noms avec lesquels il appelle Gala : « J'appelle mon épouse : *Gala, Galuxka, Gradiva* (parce qu'elle a été ma Gradiva), *Oliva* (pour l'ovale de son visage et la couleur de sa peau), *Oliveta* (diminutif d'Oliva), et leurs dérivés délirants : *Oliueta, Oriueta, Buribeta, Buriueteta, Suliueta, Olibubuleta, Oliburibuleta, Ciueta, Liueta.* Je l'appelle aussi *Lionette* (parce qu'elle rugit quand elle se fâche, comme le lion de la Metro-Goldwyn-Mayer), *Esquirol, Tapir, Petit Negus* (parce qu'elle ressemble à un petit animal de la forêt), *Abella* (abeille en français – parce qu'elle découvre et m'apporte les essences qui deviennent le miel de ma pensée dans la ruche occupée de mon cerveau). Elle m'a apporté le rare livre de magie qui devait nourrir ma propre magie, le document historique qui prouvait irréfutablement ma thèse quand elle était en cours d'élaboration, l'image paranoïaque que mon subconscient souhaitait, la photographie d'une peinture inconnue destinée à révéler une nouvelle énigme esthétique, le conseil qui sauverait du romantisme une de mes images trop subjectives. Je l'appelle aussi *Noisette poilue* (à cause du duvet qui couvre la noisette de ses joues) ainsi que *Campana de pell* (cloche de peau) –parce qu'elle lit pour moi à voix haute pendant les longues séances de ma peinture, en produisant un murmure tel que celui que ferait une cloche de peau, grâce auquel j'apprends toutes les choses que, sans elle, je n'arriverais jamais à savoir ». *Cit. supra.*, n. 5, p. 647.

Un deuxième parchemin représente un mur de maçonnerie apparente en forme de fleur de lys laissant entrevoir un olivier avec ses racines (aquarelle sur parchemin, 39 × 55 cm, vers 1971). La fleur de lys est un élément emblématique pour Dalí et elle se trouve d'ailleurs dans divers espaces du château. Ce parchemin pourrait être une première ébauche pour la décoration du jardin, plus concrètement pour le banc qui se trouve actuellement à côté de la piscine, même si le dessin final en est bien distinct.

Le troisième parchemin, intitulé *La couronne de lait* (gouache sur parchemin, 43 × 48,5 cm, 1971) et signé « Salvador Dalí, 1971 » est en rapport avec les études sur la loi de la gravité et les découvertes microscopiques qui fascinèrent tant l'artiste et qu'il incorpora à beaucoup de ses œuvres. L'idée de la couronne formée par des gouttes de lait provient de l'image, œuvre du photographe et scientifique étatsunien Harold Eugene Edgerton de 1936. Il s'agit d'une photographie appelée stroboscopique (réalisée à une vitesse très lente) de l'impact d'une goutte de lait sur la surface, et dont le résultat est la formation d'une couronne d'éclaboussures. Dalí l'utilisa en 1939 et dans l'invitation pour son exposition à la Julien Levy Gallery de New York et plus d'une fois il se servit de cette idée pour la composition de sa signature.

Enfin, le dernier parchemin, *Hirondelle du ciel*, est la représentation d'une hirondelle qui, suivant la trace d'une fissure, émerge d'un fond bleu ciel (aquarelle et gouache sur parchemin, 44,5 × 65,5 cm, 1971).

Toutefois, l'attention est attirée dans cette salle par la lampe originale, dessinée par Dalí et placée dans le coin proche du sofa. En son centre, une plaque métallique avec des motifs érotiques en relief qui semblent être, de loin, une décoration florale. Le peintre inséra des éléments décoratifs à base de minéraux ou d'imitations de minéraux, au travers desquels filtre la lumière. Une fois de plus, Dalí se récrée dans ce jeu du faux/réel. On peut replacer cette lampe, aussi bien pour son écran de plâtre que pour son pied, dans le contexte des créations daliniennes des années 70.

Avant de traverser le portail qui relie la salle du piano à la bibliothèque, on ne peut pas ignorer les deux peintures de Dalí qui décorent cet espace. La plus grande du château, intitulée *Chemin de Púbol*, (huile sur toile, 160 × 190 cm) est aussi l'œuvre de Dalí où le paysage de Púbol joue un rôle aussi remarquable. Peinte vers 1973, c'est une allégorie à Gala, une Gala ascendante, qui apparaît dans la partie supérieure gauche de la toile, vêtue d'une longue tunique blanche, inscrite dans un étendard, comme elle apparaissait aussi dans une autre huile, *Christophe Colomb* de 1958.

Le cheval vu au travers de la table à clairevoie.

Salvador Dalí. Radiateurs cache-radiateurs en trompe l'œil, vers 1972 et *Chemin de Púbol*, vers 1973.

Salvador Dalí. Lampe.

Crâne de crocodile.

Chemin de Púbol, vers 1973
Huile sur toile (160 × 190 cm)
Château Gala Dalí de Púbol
Salle du Piano

Dans cette huile, on peut voir, par la magie de l'art, tout le trajet effectué depuis le début du chemin, avec la première présence d'une Gala tournant le dos au spectateur, vêtue d'un costume marin, comme une enfant, tels qu'apparaissent souvent Gala et Dalí lui-même dans sa propre iconographie. Le parcours que suit ce chemin, étroit et tortueux, est bordé de coquelicots très présents, signe du printemps et de l'illusion. Dans le scénario qui conduit jusqu'au château de Púbol et son église, le numéro magique 7 est tout à fait évident pour le spectateur. Tout ce qui est important est au nombre de sept, répétait Dalí : comme les sept peupliers noirs, ou plus exactement *púbols*, qui donnent leur nom au village. Sur le long chemin, interviennent aussi un paysan et un cheval blanc. Dans la partie droite, une scène avec une plus grande charge mythologique : un élégant cheval blanc avec son cavalier auquel un être angélique paie une espèce de tribut spécial sous forme de pique ; peut-être cet être est-il Mercure, le messager des dieux.
Tout culmine, dans la partie supérieure de la toile, avec la glorification de l'image de Gala à la manière orientale, parmi des tons resplendissants de carmin, installée comme à ses origines sur un fond de coupoles byzantines. Il y a quelque chose de l'esprit en élévation, comme celui de l'*Enterrement du comte d'Orgaz* d'El Greco, qui impressionna tant le jeune Dalí lors de sa première visite à Tolède.

La deuxième œuvre à laquelle nous faisions référence est le trompe-l'œil qui se trouve à côté du *Chemin de Púbol*. Comme Gala n'aimait pas les radiateurs, elle les fit couvrir dans la majorité des lieux par des paravents d'osier. Parmi les commandes faites à Dalí par Gala pour son château que l'on trouve dans le numéro spécial de *Vogue*, elle lui demandait « des paravents peints en trompe-l'oeil représentant des radiateurs de chauffage central pour cacher ceux-ci »[36]. Dalí s'offrit à cacher les deux de cette pièce, encastrés dans le mur ; et, pour dissimuler la porte métallique qui les couvrait, il peignit d'autres radiateurs (huile sur plaque en métal, 229 × 105 cm, vers 1972). La peinture cache et, en même temps, représente la réalité. À nouveau, même si c'est à un autre niveau, on peut parler de la relation Dalí-Mantegna. Le radiateur est une curieuse représentation de ce qui est plus ordinaire et quotidien, que l'on ne veut pas occulter à la réalité. Si l'on veut cacher un radiateur, ce doit être en peignant l'objet lui-même —le radiateur— avec le plus grand réalisme pour donner « l'illusion complète de la réalité »[37] selon les mots de Raymond Roussel, pour qui Dalí avait une grande admiration. On pourrait établir un triangle esthético-philosophique entre Mantegna, Roussel et Dalí.

[36] *Cit. Supra.*, n. 1, p. [175].
[37] ROUSSEL, Raymond, *Impressions d'Afrique*, Jean-Jacques Pauvert, Paris, 1963, p. 32.

Púbol.

LA CHAMBRE DE GALA

Dans la chambre de Gala qu'occupa le peintre, après la mort de son épouse, se trouve un lit somptueux à baldaquin, protégé par une balustrade de bois blanc et doré, la main courante recouverte de velours rouge.

La conception de l'espace est inspirée d'une chambre d'un élégant château de la Loire, le château de Maintenon, où se mêlent les styles médiéval et Renaissance et qui conserve sa tour carrée du XIIᵉ siècle. Il est connu pour avoir appartenu à Françoise d'Aubigné, marquise de Maintenon et première favorite puis épouse secrète de Louis XIV. À la différence de la chambre du château de Madame de Maintenon, la couleur prédominante ici est le bleu : dans les rideaux, dans les couvre-lits, dans la tapisserie des fauteuils —ou chaises à bras, et aussi dans la toile qui recouvre la table *brasero*.

Vierge Odigitria dans son cadre d'immortelles, XVIIIᵉ siècle.

Gala et Dalí partageaient la chambre, mais à des moments différents. Rappelons qu'à la mort de Gala en 1982, Dalí, qui vivait à Portlligat, vint s'installer à Púbol, où il continua à peindre jusqu'en 1983, dans un espace de la salle à manger du château. Ce sont des années, cependant, au cours desquelles le mal-être physique et la douleur de la perte de Gala sont devenus évidents. L'état de santé du peintre se détériore petit à petit et les circonstances ne l'aident pas. Le 30 août 1984, un feu prend dans la chambre. Cet incendie fut provoqué involontairement par l'insistance du peintre à appeler les infirmières qui le soignaient. Il les avisait, en effet, grâce à un timbre installé dans son lit même, mécanisme simple connu populairement sous le nom de « poire » qui, n'étant pas conçu pour être pressé en permanence, provoqua un court-circuit. Le feu détruisit toute la chambre et Dalí fut sauvé mais gravement brûlé. Finalement, un spécialiste décida qu'il devait être transporté dans un centre médical, en dépit de ses refus. Il dormit une nuit de plus dans le château, à cette occasion et pour la première fois dans la chambre des invités et finalement il accepta d'être transporté à la clinique du Pilar de Barcelone. Il posa cependant comme condition de pouvoir visiter auparavant son Théâtre-Musée de Figueres. En pleine nuit, en fauteuil roulant, accompagné d'Antoni Pitxot, il fit cette visite émouvante, rituelle, de son œuvre, son ultime grande création.

Dalí ordonna immédiatement la réhabilitation de la chambre, car le feu avait fait disparaître certaines pièces de la décoration que l'on ne put malheureusement pas restituer ainsi qu'un cabinet de toilette travaillé à la profusion que l'on peut cependant admirer grâce aux images captées par le photographe Marc Lacroix. Il y a aussi un cadeau spécial de Dalí à Gala : l'ange délicat à la chevelure dorée —dessin de petites dimensions sur papier, légèrement coloré— ainsi qu'une icône d'origine russe, dans un cadre d'argent. La réhabilitation impliqua la récupération des éléments métal-

La chambre de Gala.

liques. Le reste du mobilier fut aussi détérioré et affecté par la fumée, mais on put restaurer un miroir d'origine portugaise, de style gothique fleuri manuélin, et un candélabre lui aussi en argent. Ce candélabre, constitué de dix chandeliers avec des motifs végétaux et trois chevaux ailés à la base, porte l'identification d'un orfèvre qui travailla à Birmingham en 1875. Parallèlement, on replaça une des icones de la collection de Gala : une Vierge Odigitria datant de la fin du XVIIIe siècle dans un cadre fait d'immortelles, présentes aussi au plafond. Cette plante, que l'on trouve habituellement dans les terrains secs et ensoleillés, était récoltée à la fin du printemps dans l'oliveraie de Portlligat. Il est habituel de la sécher car de cette manière, la couleur jaune brillant de ses pétales demeure inaltérable pendant très longtemps. L'idée de se prolonger dans le temps, l'immortalité, fut une des grandes préoccupations du peintre et de Gala.

Miroir d'origine portugaise.

SALLE DE BAINS
ET CABINET DE TOILETTE

En passant par une petite porte, située à côté du lit, on accède à la dépendance qui avait été autrefois la cuisine du château. Gala décida de la transformer en salle de bains dotée d'un cabinet de toilette. Gala avait eu, très jeune, des problèmes de santé et elle était toujours soucieuse de son apparence physique, de la fragilité de son corps, de sa beauté éphémère, c'est-à-dire du personnage qu'elle voulait transmettre —pour elle, l'image qu'elle offrait était importante.

Bien qu'on doive la particularité de cet espace à Dalí, Gala voulut occulter tout particulièrement les fourneaux avec de petits rideaux, suivant le style de son cabinet de toilette de Portlligat. Au-dessus, on peut voir des éléments propres de ce lieu tels que les écrins à bijoux, un pot de céramique spéciale, un plat faisant partie d'une vaisselle dessinée par le peintre, un ruban avec lequel Gala s'attachait les cheveux et un collage en forme d'éventail avec une photographie dans laquelle apparaît Dalí, Gala et le modèle et torero français Jacques Brunet André, connu comme « Jaquito ». À la base du carton figure l'inscription suivante :

> « *Sur cet or japonais*
> *expés pour aquarelle*
> *Aquarelle que je te peindres*
> *quesque doncs ne feire pas pour quil*
> *soit contente son olivone*
> *Enbase le NAI petit Daris* (sic) »

(Sur cet or japonais / exprès pour aqua-relle / Aquarelle que je te peins / qu'est-ce que je ne ferais donc pas pour que / ma petite olive soit contente / *Enbase le NAI petit Daris*), qui se termine par la signature qu'utilisait souvent Dalí quand il écrivait à Gala.

Salvador Dalí. Projet pour la salle du Piano et salle de bains de Gala, vers 1969.

On remarque aussi, dans le cabinet de toilette, une bouteille d'Eau de Cologne *Impériale*, de la maison Guerlain, en cristal, avec des décorations dorées. Dans la partie inférieure, des abeilles sont représentées en relief ; dans la partie supérieure, un entrelacs inspiré des carreaux qui couronnent la colonne Vendôme à Paris. Il y a aussi une copie en plâtre du visage de la sculpture *Extase de sainte Thérèse* de Gian Lorenzo Bernini et un vase avec une rose, qui devait toujours provenir, sur l'indication de Gala, du jardin du château.

Une des constantes entre les ressources iconographiques de la décoration du château est la présence répétée de la lettre G : sur les blasons, dans la salle du Piano, dans la salle de bain, et à travers elles, c'est la destinatrice de l'œuvre, Gala, qui se présente au visiteur, fil conducteur qui donne unité et sens à l'ensemble.

Pour cette pièce, Dalí conçut deux hottes, l'une pour la cheminée et l'autre pour la baignoire, qui demeure, une fois de plus, cachée. Les deux suggèrent le G de Gala et sont décorées d'azulejos provenant de la Chartreuse de Séville, avec des scènes des travaux d'Hercule, cadeau d'Ignacio de Medina, duc de Medinaceli, comte d'Empúries, et, par conséquent, comme l'affirmait Dalí, « mon seigneur naturel ». Dans la hotte de la cheminée, on peut voir un banc avec une des valises qu'utilisait Gala. En ce qui concerne la baignoire, on en remarque la partie frontale, décorée de carreaux de Delft, qui représentent des scènes de jeux d'enfants. Dalí aimait expliquer que sur ces murs étaient représentés, au travers des céramiques de Séville et de Delft, ces deux grands maîtres admirés de la peinture, Velázquez et Vermeer de Delft.

Les robinets du lavabo et de la baignoire sont peints dans les tons dorés et dessinés à partir de l'anneau de Möbius [38], même s'ils ne sont pas en or massif comme affirma Dalí à plusieurs reprises.

Avant de quitter la pièce, l'armoire encastrée dans le mur mérite qu'on s'y arrête : en effet, on y trouve exposée, protégée de la lumière naturelle, la chemise de marin que Gala porte dans des œuvres comme *Chemin de Púbol* de la salle du Piano.

[38] Anneau ou bande de Möbius : superficie non orientable, c'est-à-dire avec une seule face. Conçue par A. F. Möbius, on peut la réaliser en tenant une bande plane, puis en tordant à 180 degrés une de ses extrémités et en l'unissant, par la suite, avec l'autre extrémité.

Robinets dorés conçus à partir de l'anneau de Möbius, et azulejos provenant de Séville.

La coiffeuse de Gala et quelques détails.

LA BIBLIOTHÈQUE

On traverse à nouveau la salle du piano et, par l'ouverture du grand portail, on accède à une salle de séjour qui avait fait fonction de bibliothèque, à l'époque de Gala et Dalí. Si le bleu est la couleur omniprésente dans la chambre de Gala, ici le jaune a le premier rôle absolu, représenté par le sofa d'angle. C'est un jaune de Naples. Chaque couleur avait pour Dalí, en effet, une description spéciale, comme le violet de Parme ou le bleu royal.

La musique et les livres étaient, malgré tout, les protagonistes de l'espace. Dans la salle, on peut voir un instrument de musique, dont le son parvenait à la salle du piano, la salle à manger et jusqu'à la bibliothèque.

En outre, il y a deux coffres dans la chambre. Dans le grand, peut-être un grand coffre de jeune mariée catalane de la région de Tarragone, il y a les disques et les cassettes, l'échiquier, une lanterne magique —réminiscence de l'attention qu'avait toujours éveillé chez Dalí, depuis tout jeune, le monde en rapport avec les illusions optiques—, et un appareil photo. Il y a aussi deux pieds dorés, correspondant à un projet avorté de l'artiste destiné aux chaises à haut dossier. Si l'on fixe l'attention sur l'intérieur du coffre, on peut découvrir une partie de la musique que Gala et ses invités écoutaient quand ils étaient au château. Il s'agit pour l'essentiel du compositeur allemand Richard Wagner, que le peintre admirait aussi. Parmi les titres, se trouvent évidemment *Tristan et Yseult*, *Lohengrin*, et la *Tétralogie*, l'ensemble de quatre opéras basés sur les légendes scandinaves qui donnèrent leur origine à la Chanson des Nibelungen —aussi appelée *Anneau des Nibelungen*— : *L'Or du Rhin*, *La Valkyrie*, *Siegfried* et *Le Crépuscule des Dieux*. On remarquera aussi des œuvres de Tchaïkovski, Stravinsky et Haendel, ainsi que trois

petits disques avec des poèmes de Paul Éluard, de Federico García Lorca et d'Arthur Rimbaud, et, dans un étui de carton, *Éluard dit par Gérard Philipe*.

Le second, qui rappelle les coffres de marins, est décoré à profusion. Il contient des photographies anciennes de Gala, des jeux de société —dont elle était fervente comme, de fait, du jeu en général—, des invitations au château et un éléphant en peluche (rappelons que les animaux en peluche étaient aussi très présents dans la salle Ovale de la maison de Portlligat).

Gala était passionnée par la lecture et elle avait l'habitude de lire à haute voix pour Dalí. Dans leur bibliothèque commune, transférée actuellement au Centre d'Études Daliniennes de la Fundació Gala-Salvador Dalí, se trouvent les grands maîtres de la littérature russe, pour l'essentiel du

Coffre aux décorations picturales.

XIXᵉ siècle, comme Aleksandr Aleksandrovitch (von) Blok (1880-1921), Ivan Alekseïevitch Bounine (1870-1953), Fiodor Mikhaïlovitch Dostoïevski (1821-1881), Konstantin Aleksandrovich Fedin (1892-1977), Nicolas Vassiliévitch Gogol (1809-1852), Maxime Gorki (1868-1936), Mikhaïl Youriévitch Lermontov (1814-1841), Alexandre Sergueïevitch Pouchkine (1799-1837), Lev Nikolaïevitch Tolstoï (1828-1910), Anton Pavlovitch Tchekhov (1860-1904), etc. Il y a aussi un volume de mémoires de l'une de ses amies d'enfance, Anastasia Tsvetaeva, qui écrivit cette dédicace à Gala : « À ma chère Galocha, comme t'appelait Marina, à l'amie d'adolescence, le livre de notre jeune et vieux Moscou. Avec ma tendre affection, Asia Tsvetaeva (en l'année de mon 80ᵉ anniversaire). 6-12-74 » [39]. Ce volume renvoie au journal autobiographique écrit par Gala et publié à titre posthume comme *Carnets Intimes*, dans lequel elle livre des informations sur ses souvenirs intimes et ses expériences personnelles, sur son enfance et son adolescence en Russie, sur un ton lyrique et visionnaire. Il faut savoir que ces manuscrits, ainsi que certains textes de Dalí, ont été retrouvés dans le château de Púbol.

Gala était aussi une passionnée des échecs. Elle avait joué avec le peintre mais aussi avec l'artiste Marcel Duchamp, qui abandonna la peinture pour se consacrer à cet « art ». Duchamp fut probablement le seul ami de l'époque

[39] Traduit de : TSVETAEVA, Anastasia, Воспоминания [Mémoires], Sovetsky Pisatel, Moscou, 1974 (Figueres, Centre d'Estudis Dalinians, Fundació Gala-Salvador Dalí).

Objets personnels de Gala et de Dalí, conservés dans des coffres.

surréaliste avec qui Dalí ait toujours conservé de bonnes relations. Les deux coïncidèrent dans diverses expositions des surréalistes, avec lesquels Duchamp —sans être exactement un membre du groupe— maintenait une distance complice. Après la guerre, alors que Dalí avait consommé la rupture avec ses anciens compagnons, la relation se maintint entre les deux hommes, peut-être parce que celle-ci était plus forte qu'un simple lien personnel. Les affinités artistiques mises à part, ils partageaient une certaine géographie, Paris, New York, mais aussi Arcachon et Cadaqués, où Duchamp passa —dans ce dernier lieu— un certain nombre de périodes jusqu'à la fin de sa vie, et où lui-même et Dalí conservèrent une relation active[40]. Le jeu d'échecs conçu par Dalí, qui se trouve au milieu de la pièce, à côté du sofa, sur une table basse, est d'ailleurs le fruit de cette relation et de cette collaboration. La plaquette qui accompagne la boîte indique qu'il fut « créé par Salvador Dalí en l'honneur de Marcel Duchamp pour la Fondation américaine des Échecs » et produit par l'orfèvre F. J. Cooper Inc. de Philadelphie.

Dalí présenta ce jeu au cours d'une conférence de presse à New York en février 1971 et assura que le coût du jeu entier, avec ses trente-deux figurines argentées, serait de 4 000 dollars. Douglas Cooper, le producteur, annonçait le jeu de la manière suivante :

[40] AGUER, Montse ; FANÉS, Fèlix. *Salvador Dalí. Àlbum de família.* Fundació Gala-Salvador Dalí, Fundació « la Caixa, Figueres, Barcelone, 1998, p. 32-33.

Jeu d'échecs conçu par Dalí, en hommage à Marcel Duchamp.

« Parions que jamais auparavant vous n'aviez vu un jeu d'échecs tel que celui-ci. Les pièces sont faites d'argent titré massif à partir des doigts de Salvador Dalí. Dalí créa l'ensemble en l'honneur de son défunt ami, Marcel Duchamp, et en son hommage il l'offrit à la Fondation américaine des Échecs. F. J. Cooper fut chargé de produire un nombre limité de jeux.

« Aussi bien le roi que la reine —le roi est le pouce de Dalí, la reine, celui de Mme Dalí— portent une dent dans la couronne. M. Cooper, dans un moment de curiosité sans limite, demanda à Dalí : " Pourquoi une dent ? " Dalí répondit de manière brillante et demanda à son tour à M. Cooper : " Pourquoi pas une dent ? " (M. Cooper passa à un autre sujet.)

« En ce qui concerne la raison pour laquelle Dalí créa un jeu à partir de ses propres doigts, il explique : " J'avais un concept précis et cependant symbolique. Aux échecs, comme dans d'autres formes de l'alchimie humaine, il y a toujours le créateur, et surtout l'artiste en tant que créateur. C'est ce que je voulais représenter : la main de l'artiste, le créateur éternel. Quelle meilleure manière d'exprimer cette vision que de sculpter à partir de ma propre main, de mes propres doigts ? "

« Chaque pièce est signée Dalí. Chaque ensemble est numéroté (Dalí possède le numéro 1) et va dans sa propre boîte en chêne. Quatre mille dollars (...)

« P.D. Un collectionneur que nous connaissons acheta un de ces ensembles et offrit une pièce à chacun de ses amis. Aujourd'hui, trente-deux personnes ont une figurine signée Dalí. Ce n'est pas une mauvaise idée »[41].

Les figurines, par conséquent, sont inspirées des doigts de la main de l'artiste, à l'exception des tours qui eurent comme modèle la salière de l'hôtel Saint Regis de New York, où Dalí passait de longs séjours, surtout en hiver.

Cette salle est une des plus combles quant au nombre d'œuvres exposées. Ceux que l'on peut voir exposés ici, à l'exception du buste de Gala et de la pièce en céramique peinte, son des facsimilés des originaux exposés actuellement dans la salle Les « Galas » de Gala. L'œuvre de dimensions plus réduites est le trèfle à quatre feuilles séchées, sur le dos duquel Dalí écrivit un « Pour Gala » éloquent. Gala était superstitieuse et croyait en la chance et au hasard, et elle avait une véritable obsession pour trouver, lors des longues promenades dans les champs qu'elle aimait tant, les rares trèfles à quatre feuilles qu'elle conservait entre les pages de ses livres les plus chers. Grâce à une photographie de 1971, où l'on peut voir la chambre de Gala, on sait que cette pièce se trouvait juste au-dessus de sa coiffeuse. Au-dessous d'elle un dessin signé par Dalí représente une hirondelle, oiseau qu'elle aimait beaucoup et qu'on retrouve dans différents espaces du château (encre et crayon sur papier, 16 × 15 cm, 1957).

Sur l'autre mur se trouvent deux des gravures les plus connues de Dalí : *La grande place des Vosges du temps de Louis XIII* (gravure à l'eau forte et lavis sur papier, 56,7 × 76,5 cm, 1958) et à sa gauche *Saint Georges et le dragon* (gravure à l'eau forte sur papier, 56,8 × 45,5 cm, 1947). On retrouve des reproductions de ce dernier dans la maison de Portlligat et dans le Théâtre-Musée.

De la même manière, il faut signaler la présence de l'œuvre *Vue de Púbol* (aquarelle, encre et gouache sur carton, 20,4 × 56,6 cm, vers 1971) avec une vision de l'église et du château de Púbol, également présents dans d'autres œuvres de cette époque. Cette composition est le fruit de la passion de Dalí pour l'utilisation de taches accidentelles ou provoquées intentionnellement. Rappelons à cet égard le film de Dalí *Impressions de la haute Mongolie*, qui a

[41] Traduit de : Annonce publicitaire de F. J. Cooper Inc., *New Yorker*, New York, 03/04/1971.

Salvador Dalí. *La grande place des Vosges du temps de Louis XIII*, 1958.

Salvador Dalí. *Vue de Púbol*, vers 1971.

la même intention structurelle. Dans le cas de cette œuvre, Dalí réinventa parmi les formes verdâtres suggestives deux pécheurs, l'un d'entre eux ramant dans la barque, et un chasseur.

Au-dessus de cette aquarelle se trouve une gravure, *Le desert avec sa piste* (gravure à la pointe sèche, pochoir et crayon sur papier, 62,6 × 44,9 cm, 1973), qui fait partie de la série *Roi, je t'attends à Babylone*. Une autre gravure *Darius jurà qu'il pendrait Alexandre...* (gravure à la pointe sèche sur papier, 62,8 × 45,3 cm, 1973) de la même série est accrochée dans la chambre contigüe, celle des invités.

Sur une console, juste à côté de la fenêtre qui donne sur le patio intérieur, se trouve une lampe style Art Nouveau —style, comme on le sait, souvent revendiqué par Dalí— œuvre d'Émile Gallé (1846-1904), artiste français qui travailla le verre et qui est considéré comme l'un des représentants les plus significatifs de ce mouvement en France. Cette lampe est aussi ornée d'hirondelles, oiseau très présent dans le château, car c'était pour Dalí une des manières affectueuses d'appeler Gala, ainsi que de deux reproductions photographiques d'elle : une adolescente avec un chat dans les bras sur laquelle Dalí inscrivit « Tête a chateau (sic) ». L'artiste disait que la structure du front de Gala était la même que celle de la *Madona Sixtina* de Raphaël et de la *Ginevra de'Benci* de Leonard de Vinci. Des reproductions de ces œuvres, à côté de cette photo se trouvent aujourd'hui dans la Maison Salvador Dalí de Portlligat.

La deuxième photo, de Marc Lacroix, représente les yeux de Gala qui émergent de derrière les créneaux du château de Púbol, yeux qui renvoient sûrement à ceux de *La Femme visible*, avec un regard qui traverse les murs, d'après ce que disait Dalí en citant Paul Éluard [42].

La décoration de la salle est complétée par un buste de plâtre, œuvre du sculpteur Ramon Sabí, correspondant au visage de Gala, surmonté d'une une couronne de lait qui rappelle l'idée sur le cercle d'éclaboussures que fait la goutte de lait en tombant.

Ici se trouvait auparavant la *Vénus de Milo aux tiroirs*, qui correspondait à la partie d'héritage de Cécile Éluard, sa fille. À côté, une pièce de céramique peinte reproduit le buste d'une divinité, coiffée d'un casque ailé, allusion aux mythes d'Hermès / Mercure.

Dans cette même pièce également, il y avait un petit meuble-bibliothèque, avec seulement une quarantaine de livres, certains reliés par Gala elle-même. Il s'agissait principalement de littérature russe et française, mais ces ouvrages partageaient aussi l'espace avec d'autres que l'on avait offert à Gala. Il y avait évidemment les œuvres de Paul Éluard ainsi que d'autres auteurs contemporains qui lui avaient dédicacé leurs livres. Dalí conservait différents exemplaires —comment en aurait-il été autrement ?— de *La Femme visible*, notre Gala. Aussi bien les étagères que les livres et quelques objets personnels furent donnés à Cécile Éluard, fille de Gala et Paul Éluard, en tant qu'héritière légitime. Aujourd'hui, en remplacement, s'y trouve un grand coffre.

Salvador Dalí. *Sans titre. Hirondelle*, 1957.

42 La traduction de cette citation diffère de l'originale écrite par Paul Éluard (« visage perceur de murailles »). Ici, on a maintenu la manière dont Salvador Dalí prononçait cette phrase du poète, comme disait Antoni Pixtot.

Photographies de Gala et lampe Art Nouveau de Émile Gallé.

LA CHAMBRE ROUGE

On traverse une petite porte qui conduit à une chambre où la couleur rouge est prédominante. Un fer à cheval, symbole de chance, situé au seuil de la porte, donne la bienvenue dans la chambre qui était réservée, à l'époque de Gala, aux invités du château.

Comme le reste du château, cette chambre a un caractère austère, avec un beau lit à baldaquin et peu d'ornementations. Comme d'habitude aussi, il ne manque ni les immortelles au plafond, ni une gravure du peintre, ni encore un tableau-lampe avec une image d'un ange gardien. Toutefois, sur le mur opposé au lit est accrochée une étagère présentant, comme dans une vitrine, une accumulation d'objets divers —rappelons que Dalí disait toujours qu'il fallait agir par accumulation et jamais par sélection— : de curieuses bouteilles de liqueur, l'une d'entre elles, des Bodegas y Destilerías Agustín Bofill de Badalona, représente la Sagrada Família d'Antoni Gaudí, et les deux autres, de la maison Nogueras Comas de Barcelone, figurent un torero et une jeune femme du peuple —comme celles qui se trouvent dans la zone de la piscine de la maison de Portlligat. Un aurige en céramique, une tortue qui est, en même temps, un timbre de comptoir, un couple de jeunes fiancés, deux cendriers de porcelaine, un plat avec des noisettes en céramique et un écureuil de peluche. Puis, diverses images religieuses et, au-dessus de tous ces objets, une sculpture *Cintre horloge* (1971), réalisée en pâte de verre. Il s'agit d'une technique de cristallerie aussi rare qu'ancienne qui remonte à plus de 3 500 ans. Le procédé actuel implique la fusion du verre et la reproduction de formes au travers de la méthode de fonte à la cire perdue, méthode très différente de la technique traditionnelle de soufflage du verre[43]. La famille Daum prit la direction en 1878 d'une cristallerie située à Nancy, en France, où elle développa cet art et le rendit célèbre dans le monde entier. Une autre génération de Daum assuma le contrôle de la production et décida, en 1970, de réintroduire la pâte de verre. Ils invitèrent alors un ensemble de sculpteurs célèbres, de dessinateurs, d'artistes et d'artisans du verre à concevoir des éditions spéciales limitées pour l'entreprise. Salvador Dalí fut le premier et il créa entre autres objets celui que l'on peut admirer aujourd'hui sur cette étagère-vitrine.

Salvador Dalí. *Darius jurà qu'il pendrait Alexandre...*, 1973.

[43] *Col·lecció completa de les escultures* en pâte de verre *de Salvador Dalí*, Dau al Set, Barcelona, 1981.

La surprenante combinaison d'objets dans cette vitrine est sûrement une nouvelle référence à Marcel Duchamp, plus concrètement à la *Boîte en valise* et aux *Ready-made*, c'est-à-dire au fait d'attribuer une valeur artistique à un objet en fonction du lieu ou du centre où il est placé. Dans les images religieuses, on peut remarquer une paire de représentations de Notre-Dame-des-Carmes, patronne des pêcheurs, un Sacré-Cœur et une sculpture de bois polychromée qui représente l'Immaculée Conception de l'atelier El Arte Cristiano d'Olot, en Catalogne. Cette sculpture est basée, très probablement, sur la peinture de Bartolomé Esteban Murillo, *L'Immaculée Conception « de Aranjuez »* (vers 1675), que l'on peut contempler au musée du Prado à Madrid.

Avant de quitter cette pièce, il est intéressant de jeter un coup d'œil à l'album de photographies situé sur une table qui se trouve devant le balcon, d'où l'on peut voir le jardin. Cet album est une compilation, par ordre chronologique, de photos de Gala, grâce auxquelles on peut suivre l'histoire de sa vie. On peut remarquer notamment celles de Gala avec ses frères et sœur, celle où elle figure elle-même avec son premier mari, le poète Paul Éluard, ainsi que toutes celles où elle apparaît avec Dalí.

Vitrine de la chambre Rouge et quelques détails.

LES « GALAS » DE GALA

De la chambre des invités et à travers un couloir où se trouve l'escalier qui conduit à l'étage au dessus, on arrive dans l'espace appelé Les « Galas » de Gala. Cet étage du château n'avait pas d'utilité précise et quand en 1982, les œuvres de Dalí qui étaient en dépôt aux États-Unis furent rapatriées, il devint un débarras improvisé.

La Fundació Gala-Salvador Dalí détermina ses nouveaux usages, avec une réforme réalisée par l'équipe dirigée par l'architecte Oriol Clos. Un nouvel espace fut créé qui possède une magnifique baie vitrée avec des chapiteaux gothiques, différent du reste du château, pour pouvoir présenter les « Galas » de Gala au public : certaines robes de haute couture portée par Gala lors de ses apparitions publiques. Avec pour musique de fond *Tristan et Yseult* de Wagner (la même musique que Dalí souhaitait pour son Théâtre-Musée), le visiteur peut admirer les robes de Gala dûment restaurées et des les meilleurs conditions de conservation.

Horst. P. Horst. Photographie reproduite dans l'article « Madame Salvador Dalí », *Vogue*, New York, 01/06/1943.

Depuis 2017, en plus des robes de Gala, cet espace accueille et présente certaines œuvres originales qui auparavant se trouvaient dans d'autres pièces du château. Pour des motifs de conservation, la Fundació Gala-Salvador Dalí les a réunies dans cette salle accompagnées d'un écran où figurent les photographies des chambres où elles se trouvaient à l'origine. Ici on peut aussi contempler un sofa verdâtre, en forme de lèvres, semblable à celui qu'on peut admirer dans la salle Mae West du Théâtre-Musée Dalí de Figueres.

Si on continue à avancer, on trouve la première vitrine destinée à la présentation temporaire d'œuvres et de vêtements de Salvador Dalí et Gala, dans le but de faire connaître les incursions de l'artiste dans le domaine de la mode et du stylisme. Ce nouvel usage de l'espace, à l'initiative de la Fundació Gala-Salvador Dalí en 2018, souhaite présenter au public la contribution de Dalí à la mode, à travers ses collaborations avec des stylistes connus et des entreprises textiles. La première exposition temporaire à avoir été accueillie dans cet espace est celle ayant pour titre *Gala, Dalí, Elsa Schiaparelli* en 2018.

Salle Les « Galas » de Gala.

Robes en tissu imprimé dessinées par Salvador Dalí.

Dans la vitrine du fond, on trouve les robes de stylistes de mode célèbres ayant été portées par Gala.

De **Jean Dessés** : Une robe de fête, longue et ajustée à la ceinture, avec une jupe corole, ou parachute, de couleur rouge. Jean Dessès (1904-1970), était un remarquable dessinateur de mode des années 40, 50 et 60 du siècle dernier. Ses créations reflètent les influences de ses voyages. Il se spécialisa dans la création de robes du soir avec des drapés de gaze et de mousseline basés sur les premiers vêtements grecs et égyptiens. Cette création est confectionnée en soie et elle date de 1949. Gala porte ce vêtement dans le documentaire de Jean-Christophe Averty *Autoportrait mou de Salvador Dalí* (1966). **[1]**

De **Christian Dior** : quatre ensembles sont exposés :

Un ensemble blouse et jupe fait de lamé dans les années 60. La blouse a des manches longues, des revers et des boutons. La jupe est longue et couvre les pieds. La doublure est faite de taffetas de soie.

Une robe de fête de forme trapézoïdale, sans manches et à col rond. Elle a une pièce sur le col similaire à un revers marin. Réalisée dans les années 60 avec un ottoman de soie et une doublure d'organdi de soie là aussi, elle est ornée de pierres précieuses et de fils métalliques. **[2]**

Un ensemble de trois pièces : vison, jupe et blouse. Vison long avec une ceinture marquée, et une jupe corole. La blouse a des manches longues avec

[1]   [2]   [3]

un col de chemisier. Elle est réalisée avec de la gaze de soie imprimée et du taffetas de soie aux tonalités rose-dorées. L'ensemble date des années 50.

Et une jupe courte, sous le genou, avec une ceinture marquée par une pièce large. Elle est confectionnée en taffetas de soie imprimée de diverses couleurs avec des fils de lamé dorés. On peut aussi la dater des années 60. [3]

Christian Dior (1905-1957), tout spécialement connu pour ce que l'on a appelé le « new look de 1947 ». Ce style de haute couture pour femme proposait des épaules galbées, une ceinture fine et une jupe. Il représentait l'élégance classique et le retour d'une image féminine, et constitua la récupération du luxe et de l'excès après la dépression de la Seconde Guerre mondiale.

De **Pierre Cardin** : On trouve deux ensembles de deux pièces.

Ensemble de jupe ajustée allant jusqu'aux genoux, blouse à col rond avec des manches trois-quarts. L'un, de couleurs verte et dorée, est confectionné avec un taffetas de soie et décoré de fils de lamé. La doublure est faite elle aussi de taffetas de soie. [4]

L'autre ensemble présente les mêmes caractéristiques mais il est de couleurs rose et dorée. Il s'agit de deux créations du dessinateur Pierre Cardin qui travailla avec Elsa Schiaparelli jusqu'à ce que celle-ci devienne chef d'atelier chez Christian Dior en 1947. Quand ils lui refusèrent d'aller travailler avec le maître Balenciaga, il décida de fonder sa propre maison en 1950.

[4] [5] [6]

C'est ainsi que Cardin commença dans la haute couture en 1953. Il était connu pour son style d'avant-garde et pour ses dessins d'une « ère spatiale ». Il préférait les formes géométriques et les motifs, et ignorait souvent la forme féminine. Il se distingua par l'innovation en dessinant une mode unisexe. En 1954, il présenta le « vêtement bulle ».

D'**Elisabeth Arden** : plus connue pour son empire cosmétique que comme styliste de mode, Elisabeth Arden s'est consacrée sans repos depuis les années 40 à ces deux domaines. La robe rouge et dorée au col rond et manches longues, et à la ceinture ajustée fut celle que Gala choisit pour l'inauguration du Théâtre-Musée Dalí de Figueres le 28 septembre 1974. Pour l'occasion, elle l'accompagna d'un collier aux pierres bleues du mannequin. Cette robe a été réalisée dans les anneés 70 en taffetas, passementerie et fourrure de soie. **[5]**

De **Jean Couten** : de lui est exposée, au fond, une robe à manches longues, rouge à raies noires avec des fleurs en velours lilas. Gala le porta dans l'hologramme « Dalí peignant Gala » également connu sous le titre « Le Berger et la sirène » (vers 1973).

 En plus, on peut voir deux pièces qui ne sont pas signées.
   Une robe de fête blanche, droite jusqu'aux pieds, avec des manches ranglan sans poignée. Col rond avec une décoration de type collier égyptien. Confectionnée avec des fibres en cellulose, rayon, viscose et des plaques de plastique et cordon.
   Et l'ensemble de fête est constitué d'une blouse à manche longues et col rond avec une jupe longue de tulle élastique, avec des paillettes de cellulose et de couleur noire. Il s'agit du corps que Gala porte dans la célèbre photo de Horst P. Horst reproduite dans la revue *Vogue* de 1943[44]. **[6]**

[44] « Madame Salvador Dalí », *Vogue*, New York, 01/06/1943, p. 56-57.

Salle Les « Galas » de Gala.

Ensemble de deux pièces avec imprimé dessiné par Salvador Dalí.

LA ZONE DE L'OFFICE

D e nouveau au premier étage, on se dirige vers la salle des expositions temporaires, ancien espace de la cuisine destiné aux fourneaux. C'est une zone dans laquelle Salvador Dalí n'est pas intervenu, et c'est la raison pour laquelle on a pu la destiner à d'autres fonctions. Juste à côté, il y a l'espace correspondant à l'office. Le sol, en échiquier, comme l'aimait Dalí, et la fenêtre, comme dans d'autres parties du château, avec ses bancs latéraux, donnent à cette pièce peu utilisée par Gala et Dalí, un air aimable et grave, avec des meubles pratiques et simples.

Certains objets que l'on trouve ici ont un usage décoratif plus que quotidien et mériteraient une place de choix dans la vitrine de la chambre des invités. Dans les tiroirs ouverts de la table, une ménagère d'argent de la maison Tiffany's, cadeau de Dalí à Gala, dans laquelle chaque couvert porte, gravé, son nom. La série de bouteilles mérite une mention spéciale : comme la bouteille de brandy des distilleries Nogueras Comas de Barcelone qui adopte une tête de gitane, celle de cerise des distilleries Const Terzakis de Grèce en forme de danseuse grecque, ou encore celle de porcelaine blanche décorée en forme de *fallera* valencienne qui contenait du double curaçao des distilleries « El Lorito » de Benetússer de Valence. On remarquera aussi une curieuse bouteille de cava en verre vert avec sept trous, à côté de deux verres avec un effet optique qui fait qu'on les croit remplis.

Salle des expositions temporaires.

On trouve aussi des jeux de tasses à café de porcelaine, comme celui de Rosenthal, et des assiettes elles aussi de porcelaine, cette fois-ci de Limoges, avec un dessin de Salvador Dalí. Dans l'armoire qui occupe le coin de la pièce, parmi la vaisselle, on notera un petit moulin à café de la marque Grulet avec une reproduction de l'*Angélus* du peintre Jean-François Millet. La table, dressée, présente un petit-déjeuner d'un jour quelconque de la dame du château, et sur une des chaises, le tablier que portait Dolors à la tête du service du château.

Avant de passer dans la salle à manger, on peut admirer une des ébauches pour la décoration de la tour Galatea de Figueres que Dalí exécuta alors qu'il était à Púbol. Il s'agit d'un dessin technique (aquarelle, crayon et encre sur carton, 42 × 72,7 cm, vers 1983) sur lequel le peintre ébaucha, en utilisant un feutre, la silhouette des œufs qui couronnent le toit de la façade du bâtiment, siège de la Fundació Gala-Salvador Dalí. L'original se trouve actuellement exposé dans la salle Les « Galas » de Gala.

L'office.

Détails de l'office.

Argenterie de Tiffany's.

Petit moulin à café.

LA SALLE À MANGER ET LE DERNIER ATELIER DE L'ARTISTE

On passe maintenant à ce qui était la salle à manger communiquant, à l'une de ses extrémités, avec la salle des Blasons. Au bout de cette salle, se trouve ce qui fut le dernier atelier de l'artiste, où il réalisa ses dernières œuvres.

On distingue la vitrine, sur le mur de la salle à manger, que l'on pourrait considérer comme une continuation du meuble de la chambre des invités mais qui est consacrée, pour l'essentiel, à l'œuvre la plus connue de Millet, l'*Angélus*. On y trouve un certain nombre de théières de porcelaine, rangées par taille, de la plus grande à la plus petite, comme dans un jeu de matriochkas ou poupées russes. On découvre aussi, avec la reproduction de l'œuvre de Millet, des pots pour conserver le café, la farine, le sucre, le poivre et les autres épices.

Les références à l'*Angélus* de Millet sont récurrentes dans l'œuvre de Dalí, il n'y a donc pas lieu d'être surpris de trouver cette œuvre représentée de différentes manières, y compris en objets de décoration comme ceux qui se trouvent dans ce placard-vitrine. Comme il l'explique lui-même dans son autobiographie, *The Secret Life of Salvador Dalí*, c'est une image qui le poursuit depuis son enfance, quand il la voyait dans un des couloirs du collège La Salle de Figueres, et qui produisait en lui, contemplée dans la pénombre précisément après l'heure de l'angélus, « une sorte d'obscure angoisse, si aiguë qu'[il se souvenait] de ces deux silhouettes immobiles qui me poursuivirent pendant de nombreuses années avec l'inquiétude constante provoquée par leur présence continue et ambiguë »[45].

Les autres objets qui les accompagnent sont un petit buste de guerrier, une poupée vêtue à la catalane, quelques pierres taillées, des vases et une imitation d'un œuf de Pâques soutenu sur un tripode formé par trois flèches. Et apparaissent aussi, au milieu de tous ces objets, quatre œuvres en miniature

de Dalí qui sont tout particulièrement intéressantes. La plus remarquable est *Sans titre. Vue de Púbol*, autour de 1971, qui représente le château et l'église de Púbol au milieu d'un paysage arboré, mettant à profit les veines suggestives de la pierre. Elle porte une inscription : « a Gala de Puvol. Dalí (sic) » (huile sur pierre, 9 × 20,5 cm). Une agate polie sur laquelle Dalí peignit le visage de Gala en 1970 est insérée dans une carapace d'araignée de mer. Il y a aussi une sculpture du Christ cloué sur la croix dans une position curieuse qui rappelle le *Christ twisté* du Théâtre-Musée Dalí de Figueres ainsi que

[45] *Cit. supra.*, n. 5, p. 333.

La salle à manger.

d'autres figures réalisées avec la technique de la cire perdue ou bien résultant du modelage du papier d'aluminium.

Une autre œuvre qui attire l'attention est une pierre ovale, arrondie par l'action du temps et de la mer, sur laquelle Dalí peignit à l'huile la figure du Christ cloué sur la croix (5 × 4,5 cm, vers 1959). En commentant cette œuvre, Dalí dit en son temps : « par amour pour Gala, je suis capable de me convertir en un bon peintre vénitien. » L'œuvre date de la fin des années 50 mais, plus tard, Dalí peignit dans la partie inférieure droite « Pour Gala / Dalí / 1974 (sic) ». Ce type de dédicace confirme qu'il s'agissait de cadeaux que Dalí faisait à Gala chaque fois qu'ils se rencontraient ou que lui-même allait à Púbol. Parfois, c'était des œuvres inachevées mais, en d'autres occasions, c'était des peintures ou des objets tels que celui-ci, qu'ils avaient déjà à Portlligat, la maison commune, et que Dalí voulait donner en exclusivité à Gala.

Au pied du placard se trouve un objet, conçu comme une épreuve de base pour les œufs qui couronnent la tour Galatea de Figueres même si cela ne fut jamais réalisé. Pendant une époque il servit à cacher le haut-parleur situé au-dessus du trône de la salle des Blasons jusqu'à ce qu'il lui soit substitué

Vitrine de la salle à manger. | Salvador Dalí. Agate polie avec le visage de Gala, 1970 et *Sans titre. Christ*, vers 1959.

par le blason de marquis. Il s'agit d'une tuile d'angle, avec un visage peint. Dans la partie qui correspond à la bouche, il y a un trou. La figure représentée pourrait être la *tramuntana*.

Dans la salle à manger se trouvent, comme dans le reste du château, divers meubles provenant de boutiques d'antiquaires ou de ventes aux enchères de la région. Le mobilier était constitué du minimum indispensable : une table de réfectoire d'un antiquaire avec deux bancs ; un miroir au cadre de bois d'ébène décoré, aux formes géométriques, de style hollandais, datant du XVIe siècle, très apprécié de Dalí pour les connotations vermeeriennes qu'il comporte ; une chaise de bois des Pyrénées avec trois colonnes dans le dossier et une fleur sculptée, datant du XVIIe siècle ; un placard de cuisine des Pyrénées avec des portes divisées en niches décorées d'un X de bois de châtaignier, datant du XVIIe siècle. Sur ce meuble orné d'immortelles se trouvent une tête de lion que Dalí utilisait à l'occasion pour faire peur à Gala ainsi que par exemple, une sorte de casque colonial, un *salakot*, utilisé par Dalí quand il sortait prendre le soleil dans le jardin, aussi bien à Portlligat qu'à Púbol.

Théière avec l'*Angélus* de Millet. | Salvador Dalí. Christ cloué sur la croix et *Sans titre. Vue de Púbol*, vers 1971.

Dans cette pièce se trouve aussi le banc de bois où le cinéaste Luis Revenga filma une longue entrevue en 1982; celle-ci constitua par la suite les dernières séquences d'un film inédit, *Enigma Dalí*, dans lesquelles Dalí voulait représenter de manière réitérative différentes intonations de l'ancienne chanson populaire catalane *La filla del marxant*. Dans le film, Dalí avait haussé le ton de manière emphatique jusqu'à défaillir, épuisé. D'ailleurs, on voit passer devant la caméra dans les dernières images comme une ombre jaune : c'est Antoni Pitxot qui s'approchait pour empêcher Dalí de tomber. Toute cette séquence était destinée à porter jusqu'à Mexico un message de Dalí à Luis Buñuel, grâce à l'entremise de Javier Solana, conjointement à un scénario schématique —bien que très précis— dans lequel Dalí proposait à Buñuel de réaliser un nouveau tournage. Buñuel lui répondit de Mexico que le moment était passé. Le bref scénario situait l'action dans le petit escalier d'accès au métro d'une ville imaginaire avec un unique personnage, boiteux, « el diabloncillo » (le petit diable), qui entonnait de manière répétitive la chanson alors que s'écoulait le temps, aussi météorologique.

À la fin, en montant une petite marche, on accède à ce qui était l'ancien oratoire du château que Dalí voulut annexer à la salle à manger et qu'il convertit en un coin cheminée. Les anciens barons de Púbol avaient le droit d'écouter la messe à travers une fenêtre, privilège de l'Église concédé à certains nobles pour pouvoir suivre les offices du temple. Quand Dalí acheta le château, il crut bon de s'en passer et de la faire murer. Curieusement, la tour Galatea, ancienne Casa Gorgot, avait aussi une porte qui donnait le privilège aux seigneurs d'accéder directement aux loges du théâtre, et c'est d'ailleurs de nos jours celle qui permet de relier les deux enceintes.

C'est dans cette partie de la salle à manger qu'est conservé le chevalet où l'on sait que Dalí réalisa ses dernières œuvres. De fait, une copie est exposée de celle que l'on considère comme la dernière huile qu'il peignit, *Sans titre. Queue d'aronde et violoncelles. Série des catastrophes*, vers 1983 (huile sur toile, 73 × 92 cm). Dalí était habitué à peindre dans un fauteuil recouvert d'une housse blanche sur laquelle demeuraient encore les stigmates inévitables sous forme de taches des dernières activités du peintre. On peut voir ses lunettes, les derniers pinceaux qu'il utilisa, un bâton qui lui servait à s'écarter de la toile, le sofa qui lui permettait, comme à Portlligat dans les derniers temps, de peindre assis et de consacrer de cette manière davantage de temps à la peinture. On peut aussi voir une affiche représentant le visage de Dalí couronné et celui de Gala. La photo est l'œuvre de Jean Clemmer.

Dans ces dernières œuvres, il y a des références très personnelles telles que sa préoccupation pour la théorie des catastrophes du mathématicien français René Thom ainsi que des hommages à Velázquez et à Michel-Ange, des maîtres qu'il avait toujours admirés. Ses pensées du moment étaient bien explicites dans ses déclarations : « [La mienne] n'est plus une imagination mise au service du caprice ou du rêve, ni de l'automatisme, sinon des significations qui sont la conclusion de ma propre existence, de ma maladie et de tous mes souvenirs »[46].

[46] Traduit de : « Apareció el Dalí colombiano », *Revista Semana*, Colombia, 23/05/1981, s.p.

La cheminée et la sculpture sur bois de saint Jean Baptiste.

Pendant des mois, son activité fut encore importante et il fut accompagné, à l'occasion, par Isidor Bea, qui l'aidait dans l'atelier depuis le milieu des années 50. En avril 1983, peu après avoir inauguré la grande exposition anthologique de Madrid[47], il abandonna définitivement la peinture.

Dalí peignait presque sans lumière à cette époque, parce qu'il disait que celle-ci le dérangeait, et cette chambre-ci en a peu. Il avait situé le chevalet entre la cheminée et la fenêtre aujourd'hui murée. La scénographie de cette partie de la salle à manger, dont le mur donne sur l'église, comprend une pièce religieuse : une sculpture en bois stuquée et peinte de saint Jean Baptiste le bras droit levé et l'index signalant le ciel ; de l'autre main, il tient un coquillage en référence au baptême ; à ses pieds, un agneau, en allusion au Christ.

La cheminée adopte la forme d'une double courbe, conformément à un dessin de Dalí et au tracé qu'il fit directement sur le mur. Son idée, rendue publique en diverses occasions, était que cette courbe correspondait à celle que forme une goutte d'eau avant de se rompre. « C'est le principe de la goutte d'eau qui se maintient par une loi physique de tension superficielle mais finit par se convertir en un fait cosmique »[48], répétait-il sans respirer. A l'intérieur, on trouve les deux chenets de bronze datant du XVIIIe siècle et décorés d'un bas-relief en forme de buste.

[47] *400 obras de Salvador Dalí del 1914 al 1983*, Obra Cultural de la Caixa de Pensions, Madrid, 1983.

[48] PITXOT, Antoni ; PLAYÀ, Josep. *Château Gala Dalí : le chemin de Púbol.* Fundació Gala-Salvador Dalí, Escudo de Oro, Figueres, Barcelone, 1997, p. [46].

Le dernier atelier de Salvador Dalí, dans la salle à manger.

Sans titre.
Queue d'aronde et
violoncelles. Série des
catastrophes, vers 1983
Huile sur toile (73 × 92 cm)
Théatre-Musée Dalí
de Figueres

C'est la dernière huile peinte
par Dalí. Il l'exécute au château de Púbol et il y applique
les connaissances exprimées
par le mathématicien René
Thom dans son livre *Paraboles
et catastrophes* (1983). Dalí utilise la forme du violoncelle, à
laquelle il attribue des fonctions de symbole du senti-
ment, plus que d'une présence
musicale. Dans cette dernière
période, le violoncelle est toujours protagoniste d'une mis-
sion douloureuse ; dans

d'autres toiles il apparaît
agressé par des tables de nuit.
Il a quelque chose de l'ego
blessé et, dans le cas présent,
c'est lui qui participe dans la
représentation de la queue
d'hirondelle, l'élément le plus
déterminant par son contenu
poétique, de toutes les descrip-
tions et graphismes qu'il avait
imaginés dans la théorie des
catastrophes. Il réunit donc
ces deux points de coïnci-
dence : douleur et beauté.

LA GALERIE

De la salle à manger, on peut sortir dans une vaste galerie qui offre de magnifiques vues sur le jardin et les champs environnants. Il y a des vestiges d'une ancienne fortification qui renvoient au passé. Gala avait l'intention d'acheter le champ situé de l'autre côté de la rue pour projeter un pont à la manière vénitienne qui l'unirait à sa terrasse. Dans un coin de celle-ci, on peut voir la figure d'un guerrier, en plâtre, sur un piédestal qui reproduit un blason imaginaire. Une partie de cette galerie, à gauche, que l'on dis-

tingue de l'extérieur grâce à quelques porches, est couverte. C'était un lieu idéal pour que Gala se repose les jours d'été dans des chaises longues que l'on peut encore voir. Il y a aussi un fauteuil à bascule et un pouf provenant sûrement de Portlligat —comme ceux qu'il y avait dans la zone de la piscine. Dans la partie inférieure, se trouve la sacristie de l'église, ce qui démontre l'imbrication qui existait entre l'enceinte des nobles et celle des ecclésiastiques avec l'église voisine. Un nouvel escalier pour faciliter la visite mène à la sortie.

LA CRYPTE

De retour dans la cour centrale, on accède à la crypte par la porte située sous le porche de sortie sur le jardin et qui débouche sur un petit vestibule ou entrée. La première chose qui attire l'attention, ce sont les trois têtes de lion en carton, qui surveillent le visiteur depuis le mur d'en face. À droite il y a une affiche suspendue qui montre le modèle de chaise créé par Charles Rennie Mackintosh en 1902. Ce poster, que Dalí reçut en cadeau, sur papier d'acétate transparent, fut conçu au début des années 70 par l'architecte Pep Bonet pour la société Boccaccio Disseny.

Salvador Dalí. Projet pour la Crypte, 1973.

Il s'agit de la reproduction à main levée et grandeur nature de la célèbre chaise Art nouveau initialement pensée pour un restaurant de Glasgow. Elle servit sûrement d'inspiration à Dalí pour créer des chaises aux dossiers hauts, d'apparence plus populaire. Il faut également souligner la présence d'une jardinière de B. D. Ediciones, inspirée d'un original de Lambert Escaler, avec des immortelles, comme le souhaitait Gala.

L'escalier qui descend du vestibule conduit à la crypte à travers un couloir ; c'est un espace structurellement différentié du reste du château du XIVe siècle qui, connu sous le nom de Dîme[49], sera la sépulture de Gala en 1982.

Au moment de la réforme du château et grâce aux dessins qui sont conservés[50], on peut déduire que Dalí avait prévu cet espace comme salle de réceptions avec un escalier monumental qui s'achevait par une main courante dotée d'ornementations *modernistes*. Les projets, cependant, ne furent pas complètement menés à terme et il semble que, pour Gala, cette partie du château n'était pas prioritaire et ne devait donc pas entrer dans la première phase de restauration. Ils se limitèrent ainsi à retirer les tonneaux, à agrandir l'escalier et à placer des bancs de mur avec des coussins ainsi que des statues. Ils voulurent aussi que le sol formât une espèce d'échiquier, avec des carrés blancs et noirs, en hommage à Marcel Duchamp. Ce projet fut confié au constructeur Emilio Puignau, qui chercha des carreaux de faïence spéciaux. Toutefois, quand il les eut trouvés, il se rendit compte que les pièces noires étaient trop décolorées. Pour résoudre ce problème, on baigna des carreaux de faïence de couleur naturelle pour les teindre. Malheureusement, avec le

[49] Nom que l'on donne au dix pour cent prélevé sur les produits de la terre pour maintenir le clergé et les bâtiments religieux. Entre les XIIe et XVIe siècle, en Catalogne, certains paysans le versaient aux seigneurs du territoire. Cet espace du château de Púbol reçut ce nom car le versement de l'impôt se déroulait ici.

[50] Plus de 3 000 dessins du peintre sont conservés à la Fundació Gala-Salvador Dalí. Parmi eux, il faut distinguer quelques ébauches pour différents éléments du château, aussi bien architectoniques que décoratifs. Dalí, une fois de plus, montre son intérêt pour l'œuvre totale. Les détails finissent de donner un sens à l'ensemble, sens que le visiteur achèvera par lui-même.

temps ils se décolorèrent à nouveau et l'échiquier demeura comme une sorte de projet inachevé. Cependant, il faut remarquer la partie technique : on a en effet surélevé le niveau du pavement pour éviter les filtrations d'eau, car à Púbol il y a de nombreuses sources.

Pendant les premières années du séjour de Gala au château, on lui demanda si elle pouvait ouvrir le Dîme aux habitants pour célébrer la fête du village dans le cas où la pluie empêcherait d'organiser le bal sur la place. Non seulement elle le permit sinon qu'elle fit, en plus de cela, une contribution financière à la fête. En une autre occasion, Gala donna aussi un lot de treize gravures à la mairie de La Pera, aujourd'hui exposées à la casa consistorial.

Vers la fin du mois de mai 1982, alors que Gala était déjà malade à Portlligat, ils décidèrent la construction d'une crypte dans l'espace correspondant au Dîme pour l'y enterrer. La commande fut faite directement par Dalí au maire de La Pera, Benjamí Artigas, le jour où il vint avec le curé du village pour administrer l'extrême-onction à Gala. C'est l'architecte technique de La Pera qui fit les plans de la crypte, avec un espace intérieur unique, mais prévu pour deux personnes, recouvert de deux pierres. Dalí donna son accord sans y prêter trop d'attention car l'état de Gala l'inquiétait beaucoup. Les travaux furent réalisés avec rapidité et discrétion. Gala mourut à Portlligat mais elle fut embaumée et enterrée à Púbol —sous la pierre qui demeure aujourd'hui, vue de l'entrée, à la droite.

Seul une douzaine de personnes, les plus intimes collaborateurs de Dalí, assistèrent à l'enterrement de Gala. Celui-ci eut lieu à 6 heures de l'après-midi le 11 juin 1982. Le peintre demeura à l'étage, dans la chambre, accompagné d'Antoni Pitxot, et c'est seulement quand tous s'en furent allés qu'il descendit avec lui à la crypte, et qu'il y demeura un moment, pleurant en silence devant la tombe de sa compagne et muse. Il n'y redescendit plus jamais, à l'exception d'un jour de pluie où, profitant d'une distraction des infirmières, Dalí s'agenouilla quelques instants devant la tombe, tremblant de froid, dans un grand état d'excitation.

Dans la crypte de Gala, il y a une touche expressément théâtrale qui vise à éluder autant que possible les éléments mortuaires. Dalí envisagea le Dîme comme l'espace où devait reposer Gala, la chambre dans laquelle un

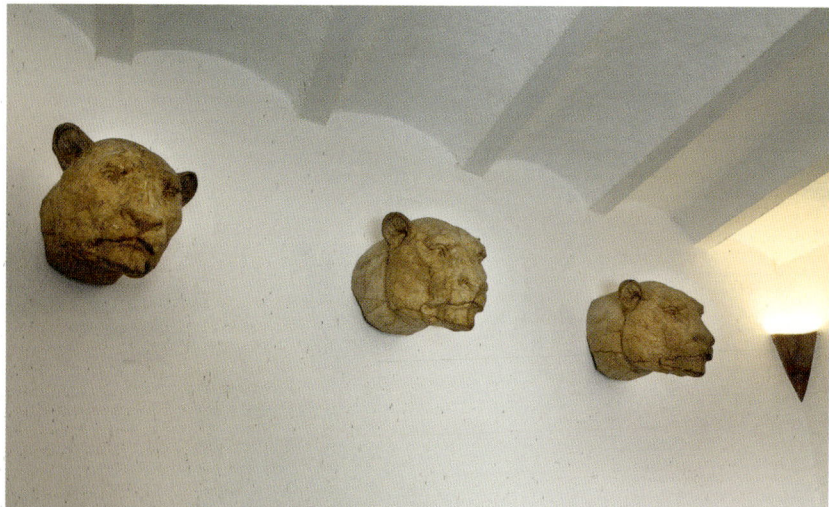

Têtes de lion faites de carton, dans l'accès à la Crypte.

ensemble de personnages la protègent et lui tiennent compagnie : une girafe, des chevaux classiques et un cavalier agenouillé, situés dans la dernière partie des arcades, par où entre la lumière du couchant de telle manière qu'un rayon illumine les trois figures.

Dalí, plus tard, pensa à construire dans cet espace un monument funéraire comme celui qui se trouve dans la cathédrale de Nantes, connu comme la « tombe des carmélites », réalisée sur une commande d'Anne de Bretagne, reine de France, pour accueillir les dépouilles de ses parents. Mais après l'incendie, le projet tomba dans l'oubli.

Malgré l'aggravation de son état, du fait de ses faibles envies de bouger et de manger, Dalí ne parlait pas de la mort. « Les génies ne meurent jamais »[51], dit-il à un journaliste alors qu'il était déjà installé dans la tour Galatea de Figueres. La recherche de l'immortalité fut une obsession sa vie durant. Il est vrai qu'en 1985 il disait encore à ses intimes qu'il voulait être enterré à Púbol, « le visage couvert » et sans fleurs. Mais il ne parla plus jamais de cela, jusqu'à ce qu'à la fin de l'année 1988, alors qu'il était à la clinique Quirón de Barcelone et qu'il côtoyait la mort de près, il demanda la présence dans sa chambre du maire de Figueres, Marià Lorca. Il lui dit alors qu'il voulait être enterré dans le Théâtre-Musée, sous la coupole.

Beaucoup s'étonnèrent de cette disposition de Dalí, qui rompait avec l'idée romantique des deux corps ensemble enterrés à Púbol et se donnant la main sous la terre. Une fois de plus, il rompait avec les conventions. Mais il y avait un fil conducteur qui partait du moment où Gala et lui-même, en 1968, s'étaient promis en cadeau le château d'une part, et le Théâtre-Musée d'autre part, et ce fil prenait fin avec la conversion des deux scénarios en leurs panthéons : Gala, dans la crypte de Púbol, et Dalí, sous la scène du vieux théâtre de sa ville natale, son ultime grande œuvre, à la verticale qui traverse le centre de la coupole et s'élève vers le ciel. Deux constructions symboliques avec un seul sens, au service de l'art et de ses créateurs[52].

[51] Traduit de : GENÍS, Narcís ; « Aplaudiments per Dalí en el seu retorn a la Torre Galatea després de l'operació », *El Punt*, Gérone, 17/07/1986, p. 3.

[52] *Cit. Supra.*, n. 48, p. 52.

Jardinière de B.D. Ediciones inspirée de l'originale de Lambert Escaler, avec des immortelles.

LE JARDIN

En sortant maintenant par le portail de la façade sud du bâtiment, datant de 1798, on se trouve dans une petite promenade sous les platanes qui commence au mur du levant du jardin, et par lequel Gala parvenait au château avec la Cadillac ou la Datsun orange.

Rappelons que Dalí fait référence au jardin dans son œuvre, il fait même allusion à l'idée plus large selon laquelle l'Ampourdan dans son ensemble serait un jardin. Il mentionne aussi dans sa création, l'eau, le jet d'eau, la poésie, les idéaux de paix et de nature. Très souvent, il en offre d'ailleurs une vision banale.

L'avenue de platanes est l'élément qui articule le bâtiment fortifié avec le jardin, structuré à partir d'une allée principale au centre et de deux voies latérales qui distribuent l'espace en deux secteurs. Chacun de ces espaces est organisé en respectant les palissades végétales de l'ancien jardin à la française, de l'époque des Barons de Púbol, avec des réminiscences d'un jardin catalan rustique de symétrie axiale. Il s'agit d'une structure initiale que Dalí italianisa, tout en la conservant, de telle manière qu'elle fut débordée par les plantes que les Dalí choisirent en leur temps —cyprès, arbres fruitiers, lilas, lauriers roses, jasmins ou chèvrefeuilles. Il ne faut pas oublier non plus que peu avant de découvrir le château, Salvador Dalí avait été fasciné par la magie baroque des jardins de Bomarzo, dans la région de Rome. En passant dans l'une des trois allées qui dessinent le jardin, on découvre petit à petit les différents éléments végétaux, sculpturaux et architectoniques avec lesquels Dalí décora les différents espaces délimités par les haies. Les trois chemins conduisent à l'espace particulier de la piscine.

L'allée du levant, la plus ombragée, passe entre les parterres et le mur de clôture qui a été surélevé et couronné par des figuiers de Barbarie, en 1983, afin de conserver l'intimité du peintre. Depuis l'abreuvoir des chevaux des barons et le petit bosquet de lauriers roses, juste à l'entrée du chemin, on

Salvador Dalí. Projet pour le jardin de Púbol, vers 1970.

peut profiter de la fausse perspective qui oriente et fixe le regard du visiteur sur la reproduction d'une sculpture de la *Vénus Esquiline* (117-138 ap. J.-C.), actuellement conservée dans les Musei Capitolini de Rome. Salvador Dalí aimait beaucoup les fausses perspectives. Celle qui l'avait le plus intéressé était celle du Palazzo Spada de Rome —célèbre précisément pour cette fausse perspective obtenue par Borromini, architecte et représentant du baroque. Dans celle-ci, en effet, se trouve une croix de trois dimensions réelles et une fictive, qui est celle qui offre la plus grande illusion de profondeur. Une fois de plus, il s'agit de tromper les sens afin de fuir la

Éléphant-jet d'eau avec des pattes d'insecte.

Sculpture du jardin.

Réplique de la *Fontaine des Lions* de l'Alhambra de Grenade.

Balustrade avec un trompe-l'œil.

Éléphant-jet d'eau.

dualité réalité-fiction. Dans le cas de ce « couloir » du château, l'artiste joua avec la ligne droite du mur de clôture, qui détermine le sens du regard. Il disposa pour ce faire les diverses plantes de manière à ce que le mur semble s'approcher à mesure que le spectateur s'éloigne. Le résultat final, ce sont deux lignes qui convergent dans la Vénus, convertie en point de fuite. L'épaisse végétation du chemin a aussi pour fonction de cacher les éléphants que l'on découvre petit à petit à mesure que l'on avance, vu que l'on ne voit d'eux, d'emblée, que les trompes jetant de l'eau pour rafraîchir l'ambiance en été.

Par contre, l'allée située du côté du couchant ouvre le jardin sur le paysage du village de Púbol d'un point de vue élevé qui donne à l'hôte du château une position à la fois privilégiée et distante. Le départ du chemin est caché derrière la gloriette de la terrasse, couverte de lierre et de jasmin, que Gala définissait comme « un lieu idéal pour mener une conversation sentimentale »[53]. La promenade conduit à l'un des recoins préférés de Gala, à l'ombre d'un vieux figuier, alors que l'on découvre, entre les palissades et le lierre, une réplique de la *Fontaine des Lions* de l'Alhambra de Grenade qui rappelle que Dalí travaillait aussi, pendant ces années, à la décoration de la piscine de sa maison de Portlligat, où se trouve une autre réplique.

L'entrée principale du jardin, cependant, dans un ordre hiérarchique clair par rapport au reste, est l'allée centrale. On pénètre par ce chemin qui passe sous une petite structure métallique dans laquelle s'enfile le jasmin et qui conduit jusqu'à la piscine, encadrée par la structure sculpturale principale. À mi-chemin, dans une clairière présidée par deux mûriers blancs, il y a de chacun des côtés deux éléphants aux longues pattes d'insecte et aux extrémités de rapace —rappelons qu'il s'agit d'un élément distinctif de l'iconographie dalinienne— qui, selon Dalí lui-même, « avancent de manière menaçante vers le château conjointement aux deux éléphants plus cachés

[53] *Cit. Supra.*, n. 48, p. 55.

Banc avec un dossier en forme de fleur de lys, avec un trompe-l'œil.

122

dans les arbres ». C'est une sensation que l'on perçoit facilement en hiver depuis les fenêtres du château ou de la galerie. Des quatre éléphants, tous faits de ciment sur une armature métallique, légèrement surélevés sur des roches provenant du cap de Creus, trois ont été fabriqués dans l'oliveraie de Portlligat et transportés à Púbol, et un, celui qui semble inachevé, a été fabriqué *in situ*. Bien que les pachydermes de l'iconographie dalinienne connue portent un obélisque sur la croupe, ceux de Púbol portent un corbeau aux ailes dépliées, élément héraldique de la lignée des Corbera, barons de Púbol au début du XVe siècle, et du blason du village. Au bout du chemin, un autre support métallique recouvert de jasmin donne accès à la piscine.

LA PISCINE

La première impression que l'on a en arrivant dans la petite clairière de la piscine est significativement différente selon que l'on entre par une des allées latérales, au travers de la végétation touffue et de manière inattendue comme si l'on sortait d'une cachette, ou que l'on arrive par l'allée centrale, où les éléments architecturaux constituent dès l'entrée une sorte de prélude de cet espace. Cette zone fut achevée au printemps 1974, époque à laquelle s'achevèrent aussi les travaux du Théâtre-Musée de Figueres.

Autour de la piscine, il y a trois constructions sur lesquelles Dalí fit peindre des trompe-l'œil qui dissimulent la chute du crépi du mur, rendant ainsi visibles les briques, également peintes, de la partie postérieure, pour récupérer l'illusion ou l'intention de l'empreinte du temps.

Sur le mur du fond on remarque un ensemble de sculptures de pierre qui rappelle un petit temple classique, avec une arcade centrale flanquée de deux cariatides qui servent de piliers. Sous l'arcade on trouve une fontaine couronnée par des figures d'un enfant et d'un dauphin. Tout l'ensemble provenait

La piscine.

d'un jardin particulier de Figueres, la ville natale du peintre. Encore une fois le passé apparaît à partir du présent et l'utilisation si dalinienne des restes décontextualisés d'anciennes constructions. Devant le petit temple se trouve un jet d'eau en forme de tête de baudroie. Des deux côtés se trouvent quatorze reproductions de différentes tonalités d'un buste du compositeur allemand Richard Wagner pour lequel Dalí sentait une grande admiration.

A la gauche du petit temple se trouve un banc avec un dossier en forme de deux grandes fleurs de lys, emblème que Dalí utilise aussi pour la composition d'un des blasons héraldiques du château. Et dans la partie devant la piscine, une rampe en forme de balustrade qui sert de ligne de séparation entre cette zone et le jardin.

Cet espace a été conçu, par conséquent, comme un lieu pour s'isoler, un monde hermétique où l'on peut se réfugier et se consacrer à la contemplation. C'est un espace plein de références personnelles qui souligne le concept général se dégageant de toute la restauration que Salvador Dalí fit de ce château : une tour d'ivoire en hommage à Gala dotée d'une forte composante romantique et symbolique. Le château transmet un air proustien dans lequel Dalí analysa avec délices chacun de ses souvenirs et offrit à Gala des instants de sublimation et d'intense communication qu'il y a toujours eus entre les deux amants. Enfin, Dalí voulut aller ici bien au-delà de la représentation bidimensionnelle en maintenant la magie de ce qui est royal, en laissant toujours une place au hasard. Nous sommes donc invités, en tant que visiteurs, dans un espace singulier, l'espace du triangle dalinien qui nous rapproche le plus de Gala.

Petit temple de la piscine. | Bustes de Richard Wagner.

CHÂTEAU GALA DALÍ DE PÚBOL

REZ-DE-CHAUSSÉE ET JARDIN

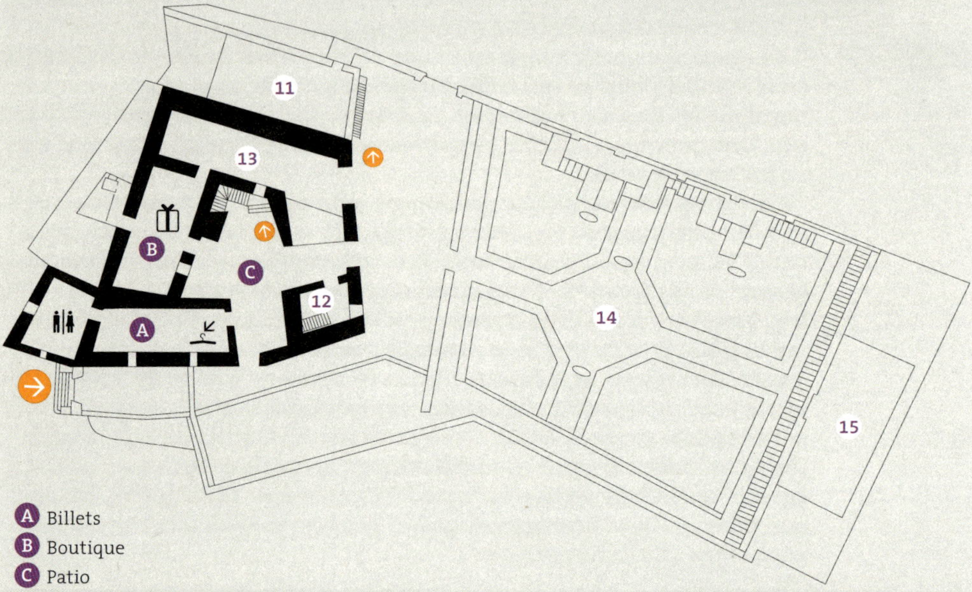

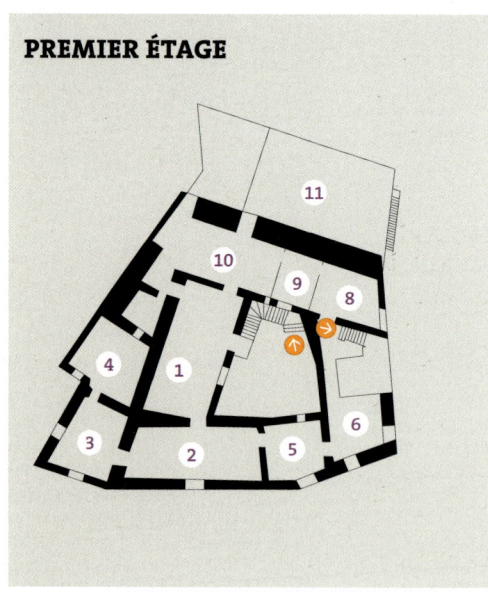

11
13
B
C
12
A
14
15
A Billets
B Boutique
C Patio

PREMIER ÉTAGE

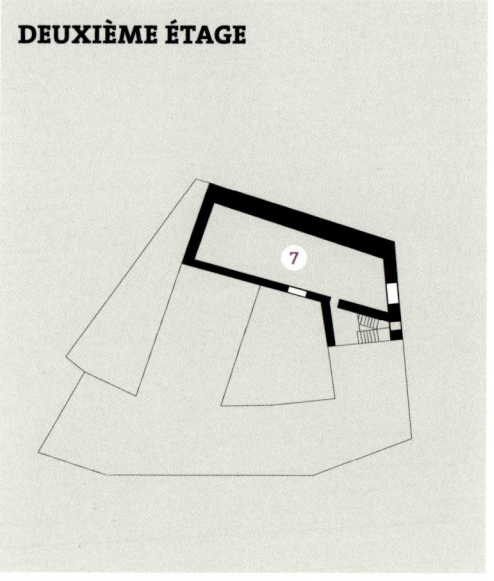

11
10
9
8
4
1
6
3
2
5

DEUXIÈME ÉTAGE

7

1 Salle des Blasons
2 Salle du Piano
3 Chambre de Gala
4 Salle de bains et toilette
5 Bibliothèque
6 Chambre Rouge
7 Les « Galas » de Gala
8 Expositions emporaires
9 Zone de l'office
10 Salle à manger
11 Galerie
12 Crypte
13 Garage
14 Jardin
15 Piscine

LE TRIANGLE DALINIEN

Le Château Gala Dalí de Púbol,
est comprise, au même titre que le
Théâtre-Musée Dalí de Figueres et la
Maison Salvador Dalí de Portlligat,
dans le complexe artistique géré par
la Fundació Gala-Salvador Dali.

Château Gala Dalí de Púbol

Théatre-Musée Dalí de Figueres.

Maison Salvador Dalí de Portlligat, Cadaqués.

FUNDACIÓ GALA-SALVADOR DALÍ

TRIANGLE▼BOOKS

Edité par
Fundació Gala-Salvador Dalí
Triangle Postals, SL

Responsable d'edition
Jordi Puig

Direction artistique
Ricard Pla

Coordination éditoriale
Joan Manuel Sevillano
Campalans, Gérant
Fundació Gala-Salvador Dalí
Imma Planas,
Triangle Postals, SL

Texte
© Antoni Pitxot,
Montse Aguer Teixidor, 2019
Collaboration de Clara Silvestre

Photographies
© Jordi Puig, 2019

Page 17 © Studio 46, Roma
Page 25 © Melitó Casals « Meli »
/Fundació Gala-Salvador Dalí,
Figueres, 2019
Page 87 Horst P. Horst/*Vogue*
© Conde Nast

Droits d'image de Salvador
Dalí réservés. Fundació Gala-
Salvador Dalí, Figueres, 2019

Œuvres de Salvador Dalí
© Salvador Dalí, Fundació
Gala-Salvador Dalí, Figueres,
2019

Photographies d'archives
Centre d'Estudis Dalinians,
Fundació Gala-Salvador Dalí

Graphisme
Joan Colomer

Mise en page
Vador Minobis

Traduction
Laurent Cohen

Supervision des contenus
Centre d'Estudis Dalinians,
Fundació Gala-Salvador Dalí

Imprimé par
Gráficas San Sadurní

Imprimé à Barcelone, 3-2019

© de l'édition
Fundació Gala-Salvador Dalí
Triangle Postals, SL

Dépôt légal
Me-101-2019

ISBN
978-84-8478-860-7

Ceci est une seconde version
du guide du Château de Púbol.
La première, importante s'il
en est, qui a été sa base et
son support, est l'ouvrage :
PITXOT, Antoni ; PLAYÀ, Josep,
*Château Gala Dalí : le chemin
de Púbol*, Fundació Gala-
Salvador Dalí, Escudo de Oro,
Figueres, Barcelone, 1997.

Toutefois, nous voudrions
aussi insister sur l'importante
collaboration de Jordi Artigas,
responsable des maisons-
musées Dalí, ainsi que de
Carme Ruiz, Curatrice en chef
du Centre d'Estudis Dalinians.

Triangle Postals, SL

Sant Lluís, Menorca
Tel. +34 971 15 04 51
triangle@triangle.cat
www.triangle.cat